성공적인 이성관계, 결혼생활

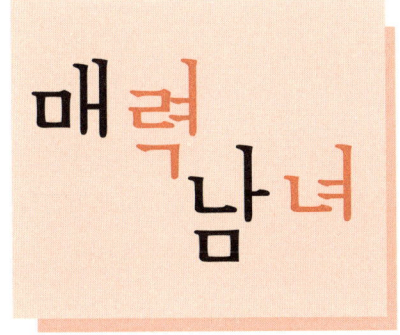

조성의 · 김현성 공저

베드로서원

매력남녀

초판 1쇄 발행일 2007년 05월 10일
초판 2쇄 발행일 2007년 07월 20일

저 자 | 김현성 · 조성의
발행처 | 베드로서원
발행인 | 한순진
대 표 | 한영진

등록번호 : 제318-2005-000043호 · 등록일자 : 1988. 6. 3
서울시 영등포구 양평동4가 281 삼부르네상스한강 1307호
Tel. 02)333-7316, Fax. 333-7317
www.petershouse.co.kr
E-mail : peter050@kornet.net

피터스하우스는 기독교문화 창달을 위해 좋은 책 만들기에 힘쓰고 있습니다.
*파본 및 잘못된 책은 바꾸어 드립니다.

ISBN 978-89-7419-238-9
ISBN 978-89-7419-237-2(세트)

값 8,000원

미주사역
PETER'S HOUSE
49 Candlewood Way, Buena Park, CA 90621
☎ (562)483-1711. Cell. (714)350-4211
E-mail : soonjinhan@hotmail.com

매력 남녀

매력 남녀

추천사

　인간의 모든 삶은 '선택'으로 이루어집니다. 우리가 가진 볼펜, 운동화, 옷, 책 등은 선택의 내용물입니다. 인생살이도 선택입니다. 직장, 친구, 애인, 배우자, 결혼, 혼수, 싱글도 선택의 결과입니다. 그러나 선택의 열매는 '행복'일 수도 있고 '웬수'일 수도 있습니다. 바른 선택이 주는 축복을 얻기 위해서는 분석과 전략이 필요합니다. 「매력남녀」는 청년들에게 예비 된 사랑을 선택하는 기술을 가르치는 힘 있는 책입니다.
-「청바지를 입은 예수, 뉴욕에서 만나다」의 저자 나관호 목사

　'좋은 사람 소개시켜 줘'를 진행하면서 진정한 사랑이란 무엇일까에 대한 고민을 한 적이 있습니다. 물론 여러분도 그러시겠죠? 그렇다면 이 책을 통해 해결의 키를 발견하세요!
-방송 MC 개그맨 박수홍

　주변에 깨어진 가정들을 바라보고 가정을 이루는 것에 대한 두려움을 갖게 된 젊은이들이 참 많이 있습니다. 부디 그들이 이 책을 통해

'한 사람의 세워짐'을 경험할 뿐만 아니라 하나님께서 디자인하신 건강하고 아름다운 가정들을 이룰 수 있게 되기를 기대합니다. 이 책은 구체적이고도 실제적으로 여러분의 사랑과 결혼을 아름답게 디자인해 줄 것입니다.

-서현교회 청년 사역자 김희중 목사

교회에서는 사랑을 막연하게 얘기하는데 반해 온갖 영화와 대중가요는 사랑을 구체적으로 말하기를 주저하지 않습니다. 교회가 구체적이고 현실적으로 말하기를 머뭇거리는 사이 이미 수많은 젊은이들이 세상의 길을 따라 갔습니다. 적극적이고 현실적으로, 또한 하나님의 말씀에 기초한 견고함으로 때론 진지하게 때론 발랄하게 구체적으로 말하기를 주저 않는 저자들의 아름다운 사랑의 지침들을 통해 수많은 젊은 커플들의 삶이 황폐한 이 세상에 하나의 아름다운 작품으로 빚어지기를 기도하며 기대합니다.

-CCM 가수 김명식 · 송미애 부부

결혼, 참 막연하던 것이 이제는 눈앞의 일로 다가왔습니다. 어떻게 하면 좋은 가정을 이룰 수 있을까, 하나님이 기뻐하시는 가정이란 무엇일까에 대한 뚜렷한 해결책이 없던 내게 이 책은 분명한 기준을 갖게 했습니다. 저를 포함해서 이 책을 읽는 모든 분들이 아름답게 사랑하고 멋진 가정을 이루기를 원합니다.

-2310밴드 이삼열

● ● ●
프롤로그

"너, 우림이를 좋아하는 구나?"
"아녜요! 전혀 그렇지 않아요."

나는 얼굴까지 붉히며 부인했다. 아이들 세계에서는 사내아이가 여자아이를 좋아한다는 것은 욕지거리에 지나지 않는다.
- 위기철의 소설 「아홉 살 인생」 중에서-

누군가를 좋아하고 있는 것을 들키는 것은 부끄러운 일이지만 그때처럼 설레이고 흥분되는 시기도 없습니다. 아무리 무뚝뚝한 사람도 사랑 앞에서는 얼굴을 붉히기 마련입니다. 그만큼 사랑은

가슴 벅찬 일입니다. 그런데 주위를 돌아보면서 가슴 벅찬 사랑을 지속하지 못하는 이들이 많은 것을 발견합니다. 그들은 사랑에 목말라하고, 사랑 때문에 눈물지으며 가슴 아파합니다. 혹시 그런 사람이 당신은 아닙니까?

한 남자가 있었습니다. 그는 매번 사랑에 실패했습니다. 사랑하기를 간절히 원했지만 그의 뜻대로 되지 않았습니다.

"도대체 사랑이 뭘까?"
"과연 나는 사랑을 제대로 알고 있는 걸까?"

그는 사랑을 하기 위해서는 사랑이 무엇인지 알아야 한다고 생각했습니다. 그래서 사랑을 배우기 시작했습니다. 사랑을 배우자 자신의 모습이 보이기 시작했습니다. 왜 자신이 매번 사랑에 실패했었는지 알게 된 것입니다. 그는 실패의 원인들을 하나씩 제거해 나갔습니다. 매력적으로 변할 자신의 미래를 기대하며, 점점 사랑 전문가가 되어 갔습니다.

어느덧 매력적인 남자가 된 그에게 한 여자가 다가왔습니다. 그리고 그녀와 사랑에 빠졌습니다. 새로운 사랑에 빠진 그는 예전과는 다르게 매일 구름 위를 걸어 다니는 것처럼 행복했습니다. 그런데 어느 순간 자기가 하고 있는 사랑이 마냥 행복하지만

은 않다는 생각을 하게 되었습니다. 그가 알고 있던 사랑의 지식이 완전치 않았나 봅니다. 그는 진지하게 그 원인을 찾아보았습니다. 주어진 위기를 예전처럼 피하려고 하지 않았습니다. 이번에는 상대방과 함께 극복하려고 노력했습니다. 그렇게 위기는 지나갔고 둘 사이의 사랑은 더욱 견고해졌습니다.

그런데 또 한 가지 커다란 문제가 생기고야 말았습니다. 이제는 서로를 너무나 사랑하기 때문에 발생한 것이었습니다. 그는 자꾸만 그녀를 만지고 싶어졌습니다. 계속 그녀 생각이 나고 자신도 모르게 이상한 상상을 하는 자신을 발견했습니다. 그것은 그녀도 마찬가지였습니다. 이러다가는 일이 벌어질 것 같았습니다. 하지만 그 둘은 하나님 앞에서 정결하고자 노력했고, 그래서 지혜롭게 그 시험을 이겨나갈 수 있었습니다.

둘의 사랑이 충분히 무르익을 무렵, 그는 그녀에게 프러포즈를 했습니다. 그녀는 처음부터 지금까지 성실하고 믿음직한 모습을 보여준 그를 자신의 남자로 맞아들였습니다.

두 사람은 많은 사람들의 축하와 축복 속에 아름다운 결혼식을 올렸습니다. 결혼식 내내 이 행복이 영원하리라 믿었습니다. 그런데 결혼은 현실이라고 했던가요? 신혼의 단꿈이 채 사라지기도 전에 결혼 전에는 예상도 못했던 문제들이 여기저기서 터지기 시작했습니다.

두 사람은 하루가 멀다 하고 다퉜습니다. 무엇이 잘못된 것일

까요? 그건 바로 서로를 좀 더 이해하지 못한데 있었습니다. 그래서 그 둘은 더 많이 노력했습니다. 서로를 좀 더 이해해주려 했고, 서로의 언어에 주파수를 맞추려 했습니다. 그럼으로써 두 사람은 사랑의 완성을 향해 달려갔습니다. 사랑은 시작보다 완성이 중요하다는 것을 깨닫고서 말입니다.

당신은 이 책을 통해 이 두 사람처럼 사랑의 노하우를 만날 수 있을 것입니다. 그리고 예전처럼 실패하지 않는 사랑을 할 수 있게 될 것입니다. 바라기는 당신이 이 책을 읽고 "나는 사랑에 빠졌다!"라고 힘차게 외칠 수 있기를 바랍니다. 그리고 아름다운 만남과 연애, 그리고 행복한 결혼생활을 설계해 나갈 수 있기를 간절히 소망합니다.

차례

추천사/프롤로그

제1장 Love is Art ... 15

상대의 약점에 눈을 감아라

사랑의 법칙 Part 1

사랑의 법칙 Part 2

사랑의 법칙 Part 3

사랑은 현실 그리고 행동이다

사랑은 기술이다

제2장 나의 반쪽은 어디에 ... 41

사랑은 움직이지 않는 거야

홀로 남은 자들의 용감한 시도

나의 반쪽을 향한 첫 걸음

여자는 남자가, 남자는 여자가 되라

외모로 끌어서 내면으로 하는 승부

겉을 보지 말고 깊이를 느껴라

시도하라 성공한다

제3장 매력남녀 ... 61

매력적인 사람

남자만 읽는 매력 만들기

여자만 읽는 매력 만들기

성령의 열매를 맺으라

제4장 우리 이제 헤어져요 ... 83

고슴도치의 사랑 Part 1

사랑의 유통기간

사랑의 위기

사랑에 대한 오해

사랑 비타민

고슴도치의 사랑 Part 2

 제5장 사랑한다면 기다려줘요 … 109

    한 여름 밤의 꿈

    뜨거운 감자

    사랑 그리고 섹스

    참을 수 없는 유혹

    행복 끝, 불행 시작

    달콤한 첫 맛과 쓰디쓴 끝 맛의 유혹 이기기

    진정한 사랑

    회복 그리고 특별한 기쁨

 제6장 준비된 결혼은 아름답다 …135

    완벽한 배우자

    혼수품

    위험한 모험

    복된 만남

    결혼의 의미

    가장 값진 혼수

 제7장   말을 안 듣는 남자 지도를 못 보는 여자 ... 157

남자와 여자는 다르다

결혼은 현실이다

주님의 명령

지혜로운 남편

사랑은 표현하는 것

들으면 살리라

서로를 이해하기 위하여

사랑에는 매뉴얼이 없다

 제8장   Single Focus ... 183

행복한 결혼을 위한 열 가지 원칙

Single Focus

간음

할례의 의미

간음의 원인

간음의 결과

말년을 비참하게 보낸 다윗

간음 예방백신

둘이 만드는 단 하나의 사랑

"사랑은 느낌이나 감정이 아니라 의지이고 노력이다. 사랑은 기술(art)이다"
-에리히 프롬-

1장

Love is Art

상대의 약점에 눈을 감아라

사랑의 법칙 Part 1

사랑의 법칙 Part 2

사랑의 법칙 Part 3

사랑은 현실 그리고 행동이다

사랑은 기술이다

상대의 약점에 눈을 감아라

어느 날, 상당한 미모의 한 여인이 사고를 당해 눈 주위의 피부가 몹시 흉하게 변해버렸습니다. 혼기가 꽉 차 있던 그녀는 그 후 계속 선을 봤지만 번번이 퇴짜를 맞아 마음이 몹시 상했습니다. 그녀는 생각다 못해 이름난 메이크업학원에 다니며, 그 상처를 감추는 화장법을 배워 겨우 흉터를 숨기고, 한 남자와 선을 봐서 결혼하게 되었습니다. 그녀의 남편은 연탄을 팔고 배달해주는 직업을 가진 사람이었습니다. 성실한 사람이었기에 매번 일찍 장사를 나갔습니다. 그녀 역시 남편을 따라 이른 아침부터 함께 가게로 가야 했습니다. 눈가의 흉터를 화장으로 가린 채 말

입니다.

그녀는 늘 여름이 곤혹스러웠습니다. 더운 날씨 탓에 땀이 난 얼굴을 수건으로 닦다가 혹시 화장이 지워질까 불안했기 때문입니다. 남편이 닦아주겠다고 해도 행여 들킬까봐 늘 사양하며 눈 주위를 피해 조심스레 닦아내곤 했습니다. 그러던 어느 날, 비가 억수같이 퍼부었고, 그 여인의 얼굴로도 빗물이 흘러내렸습니다. 남편은 아내의 얼굴로 흘러내리는 빗물과 땀방울을 닦아주려고 했고 아내는 '언젠가 알게 될 걸' 하는 마음에 얼굴을 내밀었습니다.

그런데 손수건을 꺼내 든 남편은 아내의 눈 주위만 빼고 물기를 정성스레 닦아주는 것이었습니다. 남편은 아내의 약점까지 사랑한 것이고, 그 약점을 들추어 내지 않고 지냈던 것입니다.

사랑은 인간에게 있어 가장 흥미롭고, 또 중요한 주제입니다. 노래, 영화, 드라마 할 것 없이 사랑타령을 합니다. 사랑 때문에 웃고, 울며, 힘을 얻습니다. "사람이 살아가는 이유는 사랑이 있기 때문"이라고 말한 톨스토이의 독백처럼 우리에게 사랑은 삶 가운데서 그 무엇보다 중요한 것입니다.

하지만 정작 우리는 사랑이라는 것을 배워본 적이 거의 없습니다. 인생에서 가장 중요하고 많은 부분을 차지하고 있음에도 불구하고 입시 공부, 취직 공부, 승진 공부에 밀려 도무지 사랑에

대해서 배워본 경험이 없는 것이 사실입니다.

사랑은 무엇일까요? 짜릿한 것인가요? 달콤한 것일까요? 설레는 감정이 사랑입니까? 대체적으로 사람들은 사랑을 정의할 때 이러한 '감정적인 요소'를 말합니다. 물론 그런 감정들도 사랑의 일부분인 것은 사실입니다. 그리고 실제로 사랑에 빠졌을 때 그런 느낌을 갖게 됩니다. 하지만 과연 그것이 사랑의 전부일까요?

영화에서도 "사랑에 빠지는 감정"을 마치 사랑의 전부인 것처럼 말합니다. 그래서 '감정'이 식어버리면 다시 새로운 '설렘'을 찾아다닙니다. 쉽게 만나고 헤어지는 인스턴트식 사랑, 이혼율이 급속도록 높아지는 것 등은 그것을 증명하는 단적인 예라 할 수 있겠지요.

도대체 사랑은 무엇일까요? 하나님도 그것에 대해 그냥 "본능에 충실해"라고 말씀하시며 침묵하셨을까요? 그게 아니라면 하나님은 과연 사랑을 뭐라고 말씀하셨을까요? 그리고 어떻게 하면 사랑을 잘할 수 있을까요? 그 해답을 고린도전서 13장에서 찾아보고자 합니다.

사랑의 법칙 Part 1

지금으로부터 약 1950여 년 전, 이오니아 해와 에게 해를 잇는 해상의 요충지요, 성적 타락이 극치를 달렸던 고린도에 한 통의 편지가 배달되었습니다. 그 편지는 사도 바울이 고린도의 교회에 보낸 편지였습니다. 당시 고린도는 상업과 교역이 발달하여 재정적 풍요를 누리고 있었고 그에 따라 성적인 타락이 극심했습니다. 오죽하면 고린도인을 뜻하는 영어단어 Corinthian이 난봉꾼을 뜻하겠습니까? 성적으로 너무나 타락했고, 사랑의 의미를 모른 채 육체적인 사랑에만 탐닉했던 그들에게 바울은 진정한 사랑의 의미와 그 사랑을 실천할 수 있는 법칙을 알려 줄 필요가 있었습니다. 이제 바울이 고린도인들에게, 그리고 그 시대 못지않게 육체적인 성만을 추구하는 지금 이 시대에 던지는 사랑의 법칙에 대해 알아보도록 합시다.

1. 사랑은 오래 참는다.

"오래 참는다"는 것은 다른 말로 표현하면 인내한다는 의미입니다. 초대 교부 중 한 사람이었던 크리소스톰은 "사람들에게 그릇된 대우를 받고 잘못 취급받아 상처를 받았을 때 복수할 힘이 있음에도 불구하고 이것을 넘어서는 능력"이라고 인내를 정의한 적이 있습니다.

주님은 오래 참으심의 본을 보여주신 분이십니다. 우리가 악한 일을 한다 할지라도 기꺼이 참아주시며, 다시 돌아올 것을 기다려 주시는 분이십니다. 오래 참으셔서 아무도 멸망치 않고 다 회개하기에 이르기를 원하시는 분이십니다.

한 남자와 한 여자가 만나서 사랑을 합니다. 처음에는 서로의 눈에 콩깍지가 끼어서 서로의 좋은 점만 바라봅니다. 하지만 시간이 지나면서 콩깍지는 벗어지고 서로의 단점이 점점 보여 지게 됩니다. 세상에는 완벽한 사람은 없기 때문입니다. 그리고 남녀 간의 성 차이에서 문제가 비롯될 수도 있고, 또한 각각 자라 온 환경이 다르기 때문에 당연히 문제가 발생하는 것입니다.

그런데 그런 것들을 고려하지 않고 자신의 입장만을 주장하게 되면 상대방의 공격에 일일이 대응하고 정죄하게 되고, 그로 인해 그 두 사람 사이에는 씻기 힘든 상처만 생기게 됩니다. 따라서 오래 참는 것이 필요합니다. 받아주는 아량이 필요합니다. 언젠가는 상대방이 나아질 것이기 때문입니다. 그것을 기대하며 상대방이 성장할 때까지 오래 참아주는 것, 그것이 바로 사랑입니다.

그렇기에 사랑은 혼자만의 것이 아닙니다. 사랑은 상호책임이 동반되는 관계 가운데서 나오는 것입니다. 상대방의 문제가 나의 문제가 되며, 상대방의 고통이 나의 고통이 되는 것입니다. 그것을 이해하고 받아들일 때 우리는 오래 참는 것이 무엇인지

를 알게 됩니다.

2. 사랑은 온유하다.

"온유하다"는 말은 "부드럽고 온화하다" 혹은 "친절하다"는 의미입니다. 성경에서는 내게 상처를 준 그 사람을 오히려 선대하는 것을 온유하다고 말하고 있습니다.

미국 서부 개척시대에 한 인디언이 모래먼지가 날리는 황량한 사막을 걷다가 집 한 채를 발견했습니다. 그 집은 백인이 사는 집이었습니다. 이 인디언은 사흘 동안이나 아무것도 먹지 못했기에 집 주인에게 먹을 것을 구했습니다. 하지만 백인은 지치고 굶주린 인디언을 무시하고 욕을 해댔습니다. 물 한 모금만 마실 수 있게 해달라는 인디언을 총으로 위협하면서 내쫓아 버렸습니다.

어느 날, 그 백인이 사냥을 나갔다가 길을 잃어버렸습니다. 길을 찾지 못하고 헤매던 그는 한밤중에 불빛이 새어나오는 원뿔 모양의 집 한 채를 발견했습니다. 백인은 그 집 앞에서 주인을 불렀습니다. 그런데 집 주인은 얼마 전 이 백인에게 박대를 받고 쫓겨난 그 인디언이었습니다. 인디언은 온 몸이 굳어지는 느낌이었습니다. 얼마 전 자신을 몰인정하게 내몰아친 그 백인이 자기 앞에 서 있었기 때문입니다.

앙갚음을 해주고 싶은 마음이 들었지만 인디언은 그렇게 하지 않았습니다. 그는 길을 잃고 헤매던 백인을 집 안으로 불러들여

사냥해서 잡은 고기와 마실 것을 정성껏 대접했습니다. 그리고 담요를 깔아 따뜻한 잠자리를 마련해 주었습니다. 다음날 아침 인디언은 백인을 떠나보내면서 말했습니다.

"저를 기억하십니까? 얼마 전 당신에게 물 한 모금을 구했을 때 당신이 내쫓았던 바로 그 사람입니다. 만약 어젯밤에 당신이 내게 했던 것처럼 나도 그랬다면 당신은 아마 지난밤에 죽었을 것입니다."

자신에게 상처를 줬던 사람에게까지 부드럽고 따뜻하게 대할 줄 아는 것, 그것이 바로 사랑입니다.

3. 사랑은 투기를 거부한다.

"투기"란 다른 사람들의 성공이나 부요함, 명예, 행복을 보고 마음이 상해서 분노가 그 속에서 끓어오르는 것을 말합니다. 하지만 사랑은 그럴 때 일수록 오히려 상대방의 잘됨을 축복해 주는 것입니다. 사무엘상에 보면, 너무나 아름다운 사랑이야기가 나와 있습니다. 다윗과 요나단이 그 주인공입니다.

요나단은 자기 생명을 사랑하는 것처럼 다윗을 사랑하였습니다. 사울 왕의 아들이었던 요나단은 당연히 사울의 뒤를 이어 왕이 될 수 있었습니다. 하지만 다윗이 나타나 사울 왕의 자리까지 위협했고, 모든 사람은 다윗이 사울의 뒤를 이어 왕이 될 것이라고 생각했습니다. 몇몇 사람들은 요나단 왕자에게 다윗에 대하

여 악한 말도 늘어놓았을 것이고, 다윗은 왕위를 찬탈하려는 악한 인간이라고 매도했을 것입니다. 요나단의 모든 것을 앗아 갈 것이라고 위기감을 조장했을 것이 분명합니다. 그러나 요나단은 다윗이 자기 대신 왕이 된다 할지라도 그를 아끼고 사랑했으며, 친구 간의 우정과 사랑을 결코 버리지 않았습니다. 요나단은 다윗이 잘되는 것을 보며 기뻐했고, 그의 고난을 보며 함께 아파했던 사람입니다.

아름다운 사랑을 보여주었던 또 한 사람이 있습니다. 그는 바로 세례 요한입니다. 세례 요한에게는 수많은 제자들과 추종자들이 있었습니다. 그런데 어느 날부턴가 그들이 한 명, 두 명 사라지는 것이었습니다. 그 이유는 바로 예수님 때문이었습니다. 예수님의 가르침에 반해서 하나 둘 예수께로 가버린 것입니다. 당신이 만약 세례 요한이었다면 기분이 어땠을까요? 당연히 화를 내고, 시기했을 것입니다. 하지만 세례 요한은 달랐습니다. 오히려 기뻐했습니다. 그는 이렇게 말을 합니다.

"나는 그리스도가 아니요 그의 앞에 보내심을 받은 자라고 한 것을 증언할 자는 너희니라 신부를 취하는 자는 신랑이나 서서 신랑의 음성을 듣는 친구가 크게 기뻐하나니 나는 이러한 기쁨으로 충만하였노라 그는 흥하여야 하겠고 나는 쇠하여야 하리라"(요 3:28~30)

부모들은 자녀들이 잘되기를 바랍니다. 그래서 자신은 덜 먹고, 덜 입어도 자녀들에게만은 최고의 대우를 해 주고 싶어 합니다. 이것이 바로 부모의 마음입니다. 세상에 자기 자녀들이 잘되는 것을 시기할 부모는 없을 것입니다. 왜 그럴까요? 사랑하기 때문입니다. 이처럼 상대방의 잘됨을 축하해 주며, 때로는 자신을 희생하면서까지 섬겨주는 것이 바로 사랑이라고 성경은 말하고 있습니다.

4. 사랑은 자랑하지 않는다.

"자랑하지 않는다"는 것은 겸손하다는 말입니다. 즉, 자기 스스로를 상대방 앞에서 낮추는 것이며, 자신이 가진 지식, 돈, 명예 등을 내세우지 않는 것입니다.

한 여인이 목사님을 찾아와 울면서 "남편이 자꾸만 자신을 때려서 더 이상 살 수가 없다"고 하면서 하소연을 했습니다. 이 말을 들은 목사님은 깜짝 놀랍니다. 왜냐하면 그녀의 남편은 그럴 사람이 아니었기 때문입니다. 그는 교회에서도 인정받는 아주 성실하고 모범적인 성도였습니다.

목사님은 울고 있는 여인을 위로하고, 남편에게 무슨 일인지 자초지종을 듣고자 그를 만나러 갔습니다. 남편은 목사님에게 이렇게 말합니다.

"네, 목사님 잘못했습니다. 하지만 저도 아내가 저를 무시하는

것에 도저히 참을 수가 없었습니다. 끄떡하면 '학력고사 점수가 나보다 40점이나 낮은 주제에…' 라고 말하면서 저를 깔봤습니다. 다른 것은 참을 수 있어도 남자의 자존심을 짓밟을 때는 저도 순간 제 감정을 추스르지 못했습니다."

분명 폭력을 행사한 남편은 잘못한 것입니다. 하지만 남편을 그렇게 만든 원인은 분명 아내에게 있었습니다. 자신이 더 가진 것을 가지고 상대방의 약점을 자극했기 때문에 불행한 일이 벌어진 것입니다.

사랑은 배려하는 것입니다. 자신이 가진 것이 비록 많다 할지라도, 그래서 그것을 보란 듯이 드러내고 싶다 할지라도 자제하는 것이 사랑입니다. 나의 자랑으로 인해 상처 받을지도 모르기 때문입니다. 사랑은 오히려 자신이 아무것도 없음을 자랑하는 것입니다. 상대방의 수준에 자신을 맞춰주는 것입니다.

5. 사랑은 교만하지 않는다.

C. S. 루이스는 "교만은 인간이 범할 수 있는 가장 무서운 죄" 라고 말했습니다. "교만은 패망의 선봉이요 거만한 마음은 넘어짐의 앞잡이니라"(잠 16:18)

교만은 자기 자신밖에 모르는 상태입니다. 자신을 제일로 여기는 상태입니다. 그래서 '안하무인(眼下無人)'처럼 행동하는 것입니다. 상대방에 대한 배려는 전혀 없고, 자기 마음대로 행동합

니다.

　예수님은 교만하실 수 있는 완벽한 조건을 가지고 계셨습니다. 세상에서 가장 높으신 분이셨고, 하나님의 아들이셨기 때문입니다. 그럼에도 불구하고 예수님은 오히려 겸손히 무릎을 꿇고 제자들의 더러운 발을 씻겨주셨습니다. 먼저 섬겨 주고, 먼저 자신을 낮추셨습니다. 그 모습에서 제자들은 예수님이 자신들을 진심으로 사랑하고 계시다는 것을 느낄 수 있었을 것입니다.

　사랑하면 겸손해 집니다. 자신이 잘났다고 주장하다가도 사랑에 빠지면 자신을 무장해제하게 됩니다. 사랑한다고 하면서 아직도 상대방을 짓누르고, 배려는커녕 자기 멋대로 행동한다면 그것은 사랑하고 있지 않다는 증거입니다.

사랑의 법칙 Part 2

　바울의 사랑의 법칙을 살펴보면서 지금까지 당신의 사랑의 방법론과 어떤 차이를 느끼셨나요? 아내도 없었던 바울이 이런 사랑의 법칙을 알았다니 너무나 놀랍지 않습니까? 어떻게 바울은 이런 놀라운 사랑의 법칙을 발견하게 된 것일까요? 우리는 바울이 결혼을 해보지 못한 사람으로 알고 있습니다. 그러나 그것은 틀렸습니다. 그는 결혼을 한 사람이었습니다. 그리고 그의 전도

여행 기간 동안 그의 사랑하는 이와 함께 다녔습니다. 이토록 놀라운 사랑의 법칙을 깨닫도록 도와준 존재가 누구인지는 바울의 사랑의 법칙 몇 가지를 더 살펴 본 후 확인해 봅시다.

1. 사랑은 무례하지 않는다.

빅토르 위고의 소설 「나인티 쓰리」에 나오는 이야기입니다. 프랑스 혁명 직후 숲을 지나던 병사들이 굶주림에 지친 어머니와 세 아이들을 발견했습니다. 상사가 빵 한 덩이를 던져주자 어머니는 지체 없이 빵을 세 조각으로 나누어 아이들에게 나누어 줍니다. 이것을 지켜보던 젊은 병사가 "저 여자는 배가 안 고픈 모양이죠?"라고 중얼거립니다. 그러자 옆에 있던 상사는 "그게 아니야, 어머니이기 때문이야"라고 말합니다.

"무례히 행지 아니한다"는 말을 바꾸어 말하면 예절을 지킨다는 말입니다. 사랑은 예의를 갖추도록 만듭니다.

안타까운 것은 가까운 사람에게 너무 예의 없이 행동한다는 것입니다. 가깝다고 해서 기본적인 예의를 지키지 않습니다. 또 신앙을 빙자해서 무례히 행하는 사람이 얼마나 많습니까? 예의를 갖추는 것은 상대방을 소중한 존재로 대하고자 하는 마음의 표현입니다. 그리고 상대방을 그렇게 대할 때 상대방 역시 당신을 그렇게 대한다는 것을 기억하십시오.

예의를 지키는 것은 어려운 것이 아닙니다. 아주 작고 사소한

것부터 시작하면 됩니다. 공공장소에서 큰소리로 말하지 않는 것, 인사 잘하는 것, 시간을 잘 지키는 것, 약속을 소중히 여기는 것… 등 이런 것들만 잘한다 할지라도 당신은 예의 있는 사람이 될 수 있습니다.

2. 사랑은 자기의 유익을 구하지 않는다.

"자기의 유익을 구하지 아니한다"는 것은 이타주의적 태도를 말합니다. 자신의 유익을 뒤로하고 상대방의 유익을 먼저 구하는 것입니다.

사람은 누구나 자신의 이익을 먼저 생각합니다. 그래서 상대방의 의견이나 취향은 안중에도 없고 자기 마음대로 말하고 행동합니다. 하지만 사랑은 베풀며 섬기는 것입니다. 자신의 욕구와 기대가 희생되더라도 타인의 욕구를 우선하는 것입니다. 내가 '보신탕' 먹고 싶어도 상대방이 보신탕 냄새만 맡아도 기절한다면 기꺼이 보신탕을 포기하고 스파게티를 먹으러 갈 수 있는 것입니다.

특히 성적인 욕구를 해결하는데 있어서 자신의 이익을 추구하는 경우가 너무나 많이 있습니다. 남자들의 머릿속은 24시간 내내 성적인 생각으로 가득하다고 합니다. 그래서 그 욕구를 어떻게 하면 해소할 수 있을까 하고 두리번거립니다. 남자는 다 '늑대' 라는 말이 바로 이런 이유에서 입니다.

남자는 연애를 하면서 여자의 손에서부터 시작해서 점점 더 깊고 은밀한 곳을 정복하기 위해 온갖 정성을 다 쏟습니다. 사랑하기 때문에 육체관계를 맺는 것은 당연한 것이지만, 사랑하기 때문에 결혼 전에는 절제하는 것 또한 당연한 것입니다. 그리고 결혼 전에 맺는 성관계는 원치 않는 임신으로 이어지게 되며, 원치 않는 임신은 낙태로 이어지고 결국 낙태는 육체를 망칠뿐만 아니라 영혼까지 망칠 수 있음을 명심해야 합니다. 따라서 자신의 이익, 순간의 정욕을 해결하기 위해 상대방을 이용하는 범죄를 저질러서는 안 될 것입니다.

당신이 결혼을 한 상태라면 각자의 몸을 자신이 아니라 상대방이 주장하도록 해야 합니다(고전 7:2). 결혼한 순간부터 당신의 몸은 당신의 배우자의 것입니다. 나의 원함에 앞서 배우자의 원함이 있는 것입니다. 따라서 내가 비록 피곤하고 성관계를 맺고 싶은 마음이 별로 없다 할지라도 배우자가 원하면 그것에 응해주는 것이 마땅한 도리입니다. 사랑은 남에게 먼저 '주는 것' 입니다.

3. 사랑은 성내지 않는다.

성내는 것은 인간관계에서 누군가를 향해 갑작스럽게 자기의 분노의 감정을 폭발시키는 것입니다. 화를 낼 수도 있겠지만 갑작스런 화는 오히려 상황을 더욱 심각하게 만들 수 있습니다. 그

리고 상대방과의 관계에 있어서도 별로 도움이 되지 않습니다.

잠언 16장 32절에서는 "노하기를 더디하는 자는 용사보다 낫고 자기의 마음을 다스리는 자는 성을 빼앗는 자보다 나으니라"고 말씀하고 있습니다. 또한 잠언 14장 17절에는 "노하기를 속히 하는 자는 어리석은 일을 행하고…"라고 하였습니다. 그 외에 성경의 많은 곳에서 성내지 않을 것을 교훈하고 있습니다.

말은 뜨거운 프라이팬보다 더 깊은 상처를 남긴다고 합니다. 적어도 물건이 날아올 때에는 피할 수 있지만 말은 피할 수가 없습니다. 상대방이 내게 상처를 줄 때 내 안에 자동적으로 일어나는 반응은 분노를 다시 상대방에게 되돌려 주는 것일 겁니다. 하지만 그럼에도 불구하고 바로 '성냄'으로 반응하지 않는 것이 필요합니다. 그렇지 않으면 사태는 더욱 심각해지게 될 것입니다.

그렇다면 어떻게 성내는 것을 막을 수 있을까요? 우선, 주님께 기도를 하기 바랍니다. 이런 상황을 잘 극복할 수 있는 사람이 되도록 말입니다. 그리고 바로 화를 내기보다 이성을 되찾고 일 분만 참아보기 바랍니다. 그러면 훨씬 매끄럽게 상황을 진전시킬 수 있는 해결책을 발견할 수 있을 것입니다. 혹시 있었을지도 모르는 오해가 풀릴 것입니다. 화를 냄으로 '마귀'가 틈 탈 기회를 주어선 결코 안 됩니다.

4. 사랑은 악한 것을 생각지 않는다.

악한 것을 생각하는 것은 남이 내게 입힌 피해나 상처의 기록을 보관하여 두고, 읽고 또 읽고, 생각하고 또 생각한다는 의미입니다.

상대방이 과거에 비해 많이 변화되었는데도 불구하고 과거의 모습으로만 대한다면, 그것은 과거에 얽매어 있는 것이며 또한 상대방이 저질렀던 실수, 잘못들을 자꾸 끄집어내어 정죄하는 것입니다. 하라는 말씀묵상은 제쳐두고, 과거의 부정적인 사건들을 기억의 골에서 끄집어내어 묵상하고 또 묵상합니다. 많은 사람들이 이런 실수를 저지르고 있습니다.

이런 태도는 상대방과의 관계는 물론이고 자신까지도 피폐하게 만든다는 사실을 꼭 기억해야만 합니다. 사랑은 그 모든 것을 예수 그리스도의 십자가의 사랑으로 용서하는 것입니다. 그리고 상대방이 설령 잘못을 했다 할지라도 결코 책망하지 않는 것입니다. 인간은 실수하기 마련이기 때문입니다.

5. 사랑은 불의를 기뻐하지 않는다.

불의는 율법을 깨뜨리는 것입니다. 범죄를 저지른 것입니다. 그리고 불의를 기뻐한다는 것은 공범이 된다는 말과도 같습니다.

어떤 부모는 자기 자식이 다른 사람에게 피해를 입히고, 잘못을 저지르고 있는 데도 가만히 있는 것을 가끔 봅니다. 심지어는

아이를 두둔하기까지 합니다. 사랑한다는 이유로 말입니다. 하지만 진정한 사랑은 범죄하는 것을 보고 결코 기뻐하지 않습니다. 왜냐하면 범죄로 인해 그의 영혼이 파괴되고, 결국은 그 범죄의 대가를 치르게 될 것을 알기 때문입니다. 사랑은 범죄하는 것을 보고 그것이 죄라는 것과 그리고 그것이 초래할 결과를 말해 주는 것입니다.

사도행전에 보면 아나니아와 삽비라의 이야기가 나옵니다. 그들은 자신들의 소유를 팔아 그 값에서 얼마를 감추었습니다. 그리고 사도들에게 거짓말을 했습니다. 그러자 베드로는 그들을 꾸짖었고 그들은 죽게 되었습니다. 만약 한 사람만이라도 자신들이 땅을 판 돈을 숨기는 것이 범죄라는 것을 지적했다면, 그래서 정직하게 돈을 내놓았다면 둘 다 죽는 일은 없었을 것입니다. 두 사람 모두가 불의를 기뻐했기 때문에 죽게 된 것입니다.

사랑은 오히려 채찍질함으로써 그것이 잘못된 것임을 각인시키고, 그를 옳은 길로 돌아오도록 인도하는 것이라는 것을 기억해야 합니다.

사랑의 법칙 Part 3

바울이 전하는 놀라운 사랑의 법칙에 감탄하였다면 그토록 경

이로운 사랑의 신비에 대하여 바울에게 깨닫도록 한 존재는 누구였을까요? 그분은 바로 하나님입니다. 바울은 아내와 함께 전도여행을 다니지는 않았습니다. 그는 육신으로는 결혼한 사람이 아니었기 때문입니다. 그러나 그는 영적으로 하나님의 거룩한 신부였고, 그래서 그 어떤 결혼생활보다 고귀하고 아름다운 사랑을 나눌 수 있었던 것입니다. 그래서 바울은 사랑에 대해 말할 수 있었습니다. 이제 그가 말하는 사랑의 법칙의 나머지 부분에 대해 알아봅시다.

1. 사랑은 진리 안에서 기뻐한다.

"진리와 함께 기뻐한다"는 것은 거짓 없는 진리 안에서 정직하다는 말입니다. 상대방에게 언제나 정직하고 진실한 태도로 대하는 것입니다. 그리고 남을 속이지 않고 어떤 대가를 치르더라도 진실을 옹호하는 것입니다.

가끔 상대방을 속이고 결혼하는 경우를 보게 됩니다. 하지만 꼭 기억해야 할 것은 영원히 속일 수는 없다는 것입니다. 언젠가는 드러나게 됩니다. 그리고 정직하게 대하지 않았다는 이유로 이혼하게 될 수도 있습니다. 그러면 두 사람은 그로 인해 서로에게 씻을 수 없는 상처를 주게 되는 것입니다.

사랑은 자신에게 불리한 상황이 닥칠 수 있음에도 불구하고 결코 속이지 않는 것입니다. 그리고 상대방 역시 자신이 진실한 마

음으로 대할 때 함께 기뻐할 수 있을 것입니다. 이러한 신뢰의 과정을 통해 두 사람의 사랑은 더욱 견고해지게 될 것입니다.

2. 사랑은 모든 것을 참는다.

이 말은 "인간관계에서의 인내"를 가리킵니다. 상대방이 가지고 있는 잘못, 허물의 측면에 대해 인내하는 것을 말합니다. 상대방의 약점이나 허물에도 불구하고 그 모든 것을 덮어주고 인내하는 것입니다. 이것은 인간의 불완전성을 인정하는 것에서 기인합니다. 그래서 오히려 상대방의 아픔을 짊어지면서까지 참고 아파하며 그의 회복을 돕는 것입니다.

어린아이가 걸음마를 배우는 과정을 한 번 생각해 볼까요? 물론 이런 부모는 없겠지만 만약 아이가 넘어질 때마다 아이의 엉덩이를 때린다면 그 아이는 걷는 것 자체를 싫어하게 될 것이고, 머리를 숙이고 기어 다니는 것이 더 안전하여 위험을 자초할 필요가 없다고 생각할지도 모릅니다. 그래서 걸으려고 하지 않을 것입니다.

하지만 부모는 어린아이의 불완전한 모습에도 불구하고 참으면서 앞으로는 걷게 될 것이라고 기대합니다. 마찬가지로 상대방의 부족한 모습을 보면서도 미래에는 나아질 것이라고 확신하면서 기대해 주는 것, 이것이 바로 "모든 것을 참는" 행위인 것입니다. 그래서 이것은 "오래 참는다"는 말보다 적극적인 표현인

것입니다.

3. 사랑은 모든 것을 믿는다.

이것은 맹목적인 믿음을 말하는 것은 아닙니다. 오히려 어머니의 사랑처럼 속고 있는 것인 줄 알면서도 궁극적인 신뢰의 자세를 포기하지 않는 것을 의미합니다. 나아질 것이라는 기대감을 가지고 말입니다. 사랑은 최악의 상황 속에서도 그 사람의 최선을 믿는 것입니다. 그리고 그것을 통해 그 사람은 성장하게 됩니다.

예수님은 베드로를 믿으셨습니다. 그래서 시몬이라는 이름을 반석이라는 뜻을 가진 베드로 바꾸어 주셨습니다. 그리고 베드로는 예수님이 기대한 대로 초대교회의 반석과 같은 존재로 빛났습니다. 하지만 시몬이 베드로라는 새로운 이름을 부여받았을 때 그는 정말 베드로답지 못한, 반석과는 상관없는 사람이었습니다. 베드로가 어떤 사람입니까? 다혈질에, 예수님을 세 번씩이나 부인한 너무나 나약하고 보잘 것 없는 사람이었습니다. 하지만 그런 베드로에게 다시 찾아오셔서 양들을 맡긴 예수님이 계셨기에 그는 예수님이 기대하신 것처럼 초대교회의 반석이 될 수 있었습니다.

4. 사랑은 모든 것을 바란다.

"바란다"는 것은 소망의 성취를 하나님 안에서 바란다는 것입

니다. 그것은 기대해 주는 것이며, 그 사람의 가능성을 일깨워 주는 것입니다. 그래서 결국에는 그 사람이 그 기대대로 성장하게 될 것이며, 그 가능성이 빛을 발하게 될 것입니다. 사랑은 성장하게 만듭니다.

사회학 이론 중에 '거울자아 이론'이라는 것이 있습니다. 각자 자기 인생에서 가장 중요한 사람, 즉 아내, 아버지와 같은 사람들이 자신을 어떻게 보느냐에 따라 정말 그렇게 된다는 이론입니다. 그리고 괴테는 "한 개인을 대할 때 그 사람이 되어야 하고, 또 특별한 사람 대하듯이 대한다면 그 사람은 결국 그런 사람이 될 것이다"라고 말했습니다.

가능성을 바라시기 바랍니다. 격려해 주고, 기대해 주며 그것을 위해 기도해 주기 바랍니다. 그러면 꼭 그렇게 될 것입니다. 하나님께서 도와주실 것입니다.

5. 사랑은 모든 것을 견딘다.

이것은 환경적 측면에서의 인내를 말하고 있습니다. 그리고 '참는 것'보다 훨씬 강한 의미를 지니고 있습니다. 그것은 온갖 환경의 중압감 아래서도 흔들림 없이 버티고 서 있는 모습이며, '목숨을 건 사랑'이라고도 말할 수 있을 것입니다.

환경을 바라보면 우울합니다. 하지만 마음먹은 태도에 따라 똑같은 환경이지만 천국이 될 수도 있고 지옥이 될 수도 있습니다.

중요한 것은 태도입니다. 긍정적인 태도를 갖는다면 어떤 어려움도 견디어낼 수 있을 것입니다. 미국의 대통령 중 가장 존경받는 아브라함 링컨은 자신의 인생을 회고하며 이렇게 말했습니다.

"내가 걷는 길은 사실 험하고 미끄러웠다. 그래서 나는 자꾸만 미끄러지고 길바닥에 넘어지곤 했다. 그러나 나는 곧 기운을 차리고 일어나면서 내 자신에게 말했다. '괜찮아, 길이 약간 미끄럽기는 해도 낭떠러지는 아니잖아.'"

환경에 굴복하면 자신은 물론이고 주변도 불행해 집니다. 힘든 환경을 만났습니까? 잠깐만 견뎌내십시오. 어려운 일이 찾아왔습니까? 그럼에도 불구하고 사랑을 지켜낸다면 그것처럼 아름다운 것은 없습니다.

사랑은 현실 그리고 행동이다

사랑이라는 말에 가슴이 떨리고 비 오는 날의 우산 속이나, 눈이 펑펑 내리는 거리에의 데이트만을 상상한다면 당신은 아직 미숙하고 환상적인 사랑에서 벗어나지 못했습니다. 사랑은 환상도 좋은 풍경도 아닙니다. 물론 사랑이 삭막한 광야와 같은 것만은 아닙니다. 단지 마냥 환상만은 아니라는 것입니다. 오히려 사랑은 그림같이 아름답다기보다 쓸쓸하고 힘들고 고단할 때가 더

많습니다.

영화 타이타닉의 주제가를 부른 셀린 디온은 영화가 히트하면서 폭발적인 인기를 얻어 일약 세계적인 톱 가수가 되었습니다. 캐나다 출신인 그녀는 12살 때 그녀의 가창력을 인정한 한 음반제작사의 대표인 안젤린에 의해 발탁되었는데 안젤린은 그녀의 재능을 인정하여 빚까지 얻어가면서 그녀를 대가수로 키웠습니다. 그리고 이후 두 사람은 사랑하게 되었고 결혼까지 이르렀습니다.

그런데 남편인 안젤린이 최근 후두암에 걸렸습니다. 그러자 셀린 디온은 모두의 반대를 무릅쓰고 과감하게 가수활동을 중단한다고 선언했습니다. 셀린 디온은 "지금 남편에게 가장 필요한 것은 바로 나다. 남편의 병간호에 최선을 다하기 위해 가수활동을 중단한다. 이제 남편에게 진 빚을 내가 갚을 차례다"라고 말하며 명성대신 사랑을 택했습니다. 위기와 고난의 때에 사랑하는 것이 진짜 사랑입니다.

사랑은 기술이다

앞에서 살펴보았듯이 사랑은 우리가 생각했던 것과는 상당한 차이가 있습니다. 우리가 생각했던 낭만적인 사랑은 사랑의 아주 작은 부분일 뿐입니다. 사랑은 느낌이나 감정적 측면보다는 오히려 의지, 노력, 실천적인 면이 강한 것을 기억하십시오. 따라서 사랑은 "어떻게 느끼느냐"의 문제라기보다는 "어떻게 행동하느냐"의 문제라고 볼 수 있을 것입니다.

에리히 프롬은 "사랑은 느낌이나 감정이 아니라 의지이고 노력이다. 사랑은 기술(art)이다"는 표현을 하기도 했습니다. 그리고 당연히 기술이라는 정의에는 '지식'이라는 측면이 담겨져 있습니다. 사랑도 배워야 한다는 것입니다.

지식의 원천은 당연히 하나님이십니다. "하나님은 사랑"(요일 4:8)이시기 때문입니다. 그리고 하나님은 사랑에 대해서 성경을 통해 말씀하고 계십니다. 먼저 사랑의 본질을 배우고, 참 사랑의 본을 보여주셨던 예수 그리스도를 따라 강한 의지와 부단한 노력으로 참 사랑을 실천해야 할 것입니다.

예수님은 우리 죄를 위해 십자가에서 피 흘려 돌아가심으로 참된 사랑의 본을 보여주셨습니다. 죽기까지 사랑하는 것, 그것이 바로 우리가 추구해야 할 사랑입니다. 참 사랑이 무엇인지를 알고, 그것을 실천하게 될 때 당신은 서로를 사랑하기에 부족함이 없는 견고한 남녀가 될 것입니다.

사랑을 시작하는데 있어서 번번이 실패하는 이유, 사랑을 해도 자주 깨지는 이유, 좀 더 깊이 있는 사랑에 도달하지 못하는 이유가 도대체 무엇 때문일까요? 그리고 그것을 해결할 수 있는 방법은 없는 걸까요?

나의 반쪽은 어디에

사랑은 움직이지 않는 거야

홀로 남은 자들의 용감한 시도

나의 반쪽을 향한 첫 걸음

여자는 남자가, 남자는 여자가 되라

외모로 끌어서 내면으로 하는 승부

겉을 보지 말고 깊이를 느껴라

시도하라 성공한다

사랑은 움직이지 않는 거야

'사랑은 움직이는 거야' 라는 광고 카피가 유행한 적이 있습니다. 세태를 반영한 적절한 카피입니다. 요즘 젊은이들은 이성을 만나고 헤어지는 것에 익숙합니다. 심지어는 계약을 하고 만나기도 합니다. 계약 조건을 사전에 조율하고 관계를 가져오다 계약 상대가 더 이상 마음에 들지 않거나 계약에 위반된 행동을 하면 계약을 파기하고 남남으로 돌아서는 것입니다. 광고 카피처럼 움직이는 사랑을 하고 있습니다.

대학가에서 이런 계약 커플들이 많다는 조사 결과도 있습니다. 인터넷에서는 심심치 않게 조건을 걸고 계약 커플을 구하는 광

고가 뜨고, 그런 이들을 위한 상품까지 개발되는 지경입니다. 대학가에서 임대업을 하는 사람들은 남학생들끼리 사는 경우보다 계약 커플에게 임대하는 것을 좋아한다는군요. 남자들끼리 방을 쓰면 지저분해지고, 밤늦도록 소란하지만 계약 커플들은 조용히 지내며 깔끔하게 집을 사용한다고 선호하는 이상한 세상에 우리가 살고 있습니다.

하지만 계약 커플이 생겨나고 쿨하게 이성과 헤어지는 것이 멋진 것이라고 말하는 세상에서 실상 새로운 사람을 만난다는 것을 두려워하는 사람들은 더욱 많다는 사실을 아십니까? 사람의 관계라는 것이 칼로 쫙 긋고 소금 뿌리듯 끝나는 것이 아니기 때문입니다. 당신이 아직 싱글이라면 그 이유는 무엇인가요? 혹시 좋아하는 사람이 있는데 머뭇거리고 있다면 그 이유는 거절에 대한 두려움 때문은 아닐까요?

홀로 남은 자들의 용감한 시도

싱글들이여! 하나님은 분명 남자와 여자를 창조하셨습니다. 남자만도 아니고 여자만도 아닙니다. 남자와 여자를 창조하시고, 이 특별한 두 부류의 사람에게 하나가 되라고 중매하셨습니다. 주례자도 하나님이셨습니다. 그리고 두 사람을 서로에게 짝

이라고 칭해 주신 것입니다. 그 이후 모든 남자는 여자를 짝으로, 모든 여자는 남자를 짝으로 삼게 된 것입니다. 짝을 찾아다니는 것은 우리의 본성입니다. 분명 당신에게도 하나님이 짝지어 주신 이가 있을 것입니다. 그런데 왜 지금 혼자서 방바닥만 긁고 있나요?

봄에는 하루가 멀다 하고 들려오는 친구들 결혼소식에 짜증이 납니다. 여름이 되면 땀 때문에 끈적끈적해도 좋으니 제발 옆에 누군가가 찰싹 달라붙어 있으면 참 행복할 것 같습니다. 가을바람은 왜 이리도 쓸쓸하게 느껴지는 건지, 차디찬 가을바람이 가슴에 사무치면서 더욱 'OTL(좌절)'하게 됩니다. 그리고 겨울은 다른 사람보다 더 춥게 느껴지는 이유는 뭘까요? '올해도 이렇게 나이만 먹어가는 걸까?' 하는 생각에 잔주름이 늘어만 가지는 않습니까? 아무래도 독신의 은사를 주신 것은 아닌지 진지하게 고민하고 있나요? 이 난국을 어떻게 헤쳐 나가야 할 것인지에 대해 도무지 대책이 세워지지 않습니까?

사랑을 시작하는데 있어서 번번이 실패하는 이유, 사랑을 해도 자주 깨지는 이유, 좀 더 깊이 있는 사랑에 도달하지 못하는 이유가 도대체 무엇 때문일까요? 그리고 그것을 해결할 수 있는 방법은 없는 걸까요? 한 가지 분명한 것은 "사랑도 준비가 필요하다"는 것입니다. 그렇다면 과연 어떤 준비가 필요한 걸까요?

지금부터는 이성교제를 위해서 무엇이 필요한지를 구체적으로

살펴봄으로써 이 지긋지긋한 싱글에서 탈출해 봅시다.

나의 반쪽을 향한 첫 걸음

당신의 반쪽을 찾고 싶습니까? 그렇다면 먼저 하나님께 구하십시오. 구하면 하나님께서 주신다고 약속하셨습니다. 하나님께 구하는 것에는 종류의 구분이 없는 것입니다. 하나님은 무엇이든지 구하라고 하셨지, 우리의 생각에 가능한 것만 구하라고 말씀하지는 않으셨습니다. 다른 것은 다 구하면서 왜 이것만은 내 손으로 해결하려고 하십니까? 하나님께서 구해 주시는 당신의 하와에 대하여 기대하셔도 좋습니다.

> "구하라 그러면 너희에게 주실 것이요 찾으라 그러면 찾아낼 것이요 문을 두드리라 그러면 너희에게 열릴 것이니 구하는 이마다 받을 것이요 찾는 이는 찾아낼 것이요 두드리는 이에게는 열릴 것이니라"(눅 11:9~10)

당신은 얼마나 간절하게 구하고 있습니까? 불의한 재판장과 과부의 비유처럼 끈질기게 구하고 계십니까? 매일 새벽마다 하나님께 아뢰고 계시나요? 이제부터라도 아뢰시기를 바랍니다.

"주님, 외롭습니다. 저에게도 사랑의 기쁨을 누리게 해 주십시오"라고 말입니다. 하나님께 구하지 않을 만큼 간절함이 없기 때문에 아직 당신의 하와를 만나지 못한 것인지도 모릅니다. 간절함이 있다면 먼저 기도로 시작하십시오. 혹시 당신이 지금 만나고 있는 사람을 당신의 아담으로, 당신의 하와로 생각하지 못하고 있다면 그것도 기도해야 합니다. 교제하는 사람을 더욱 사랑하게 해달라고 구해야 합니다. 사랑은 은사이기 때문에 하나님께 구하는 것이며, 깊이 있는 사랑을 위하여 하나님께 선물로 받아야 합니다.

그리고 배우자에 대한 기도의 시작은 어리면 어린 때 일수록 좋습니다. 그만큼 결혼이 중요하기 때문입니다. 결혼 한 번 잘못해서 평생을 후회의 눈물로 보내는 사람이 많습니다. 하나님께 구할 때는 구체적으로 자세하게 구하십시오. 외모에서부터 성격까지 세세하게 구하면 그것에 맞게 예비해 주십니다.

하지만 잊지 말아야 할 것이 있습니다. 배우자를 구하는 것보다 중요한 것은 자신 스스로가 먼저 준비되어야 한다는 것입니다. 지하철에서 두 자매가 이야기하는 것을 본의 아니게 듣게 되었습니다. 이 자매들은 크리스천이었습니다. 한 자매가 요즘 자기가 배우자를 위하여 기도하고 있는데 첫째, 잘 생겼을 것, 둘째, 키가 클 것, 셋째, 돈이 많은 것, 넷째, 신앙이 좋을 것… 지면에 담을 수 없도록 많은 기도제목이 있다고 친구에게 이야기

를 하는 것이었습니다. 속으로 '너의 기도 들어 주시려면 하나님이 많이 바쁘시겠네' 라고 생각하고 있는데 친구인 한 자매가 이렇게 말하는 것이었습니다. "야! 그런데 하나님이 너의 기도 응답하시면 누가 될지는 모르지만 그 남자는 진짜 불쌍하다." 이 두 자매의 이야기를 들으면서 기도하는 사람이라면 먼저 자신이 그렇게 되도록 노력해야 한다고 생각했습니다. 좋은 배우자를 얻고자 한다면 배우자에게 부끄럽지 않은 사람이 되어야 합니다. 당신이 좋은 배우자를 만나 사랑하고 행복해지고 싶다면 매일 거울을 보며 기도하십시오. "하나님! 거울 속에 비춰진 사람과 같은 배우자를 만나고 싶습니다." 그래야 둘 다 행복하지 않겠습니까?

특히 진정한 우리의 배우자이신 하나님께 인정받는 사람이 되어야 합니다. 우리가 사랑하는 사람을 위하여 우리의 가장 중요한 것을 내어놓듯이 하나님을 그 무엇보다도 우선시할 때 더 큰 복을 받게 됨을 기억하기 바랍니다.

"먼저 그의 나라와 그의 의를 구하라 그리하면 이 모든 것을 너희에게 더하시리라" (마 6:33)

중요한 것은 자신이 하나님 앞에 바로 서 있어야 한다는 것입니다. 우리는 그 누구보다 하나님을 가장 먼저 사랑하고, 하나님

을 가장 많이 사랑해야 하며, 가장 오래도록 사랑해야 합니다. 아니 영원토록 사랑해야 합니다. 하나님을 사랑하는 방법은 간단합니다. 내가 무엇을 먹을까, 내가 무엇을 누릴 수 있을까를 포기하고 하나님의 나라와 의를 먼저 구하는 것입니다. 그러면 하나님은 이 모든 것을 주시고, 내 반쪽도 덤으로 주실 것입니다. 하나님께 구하되 먼저 하나님 앞에 바로 서서 스스로에게 부끄럽지 않는 것, 그것이 바로 반쪽을 찾기 위한 첫 번째 법칙입니다.

여자는 남자가, 남자는 여자가 되라

남자와 여자는 다릅니다. 생긴 것, 생각하는 것, 행동하는 것, 어느 것 하나 같은 것이 없습니다. 데이빗 웩슬리는 이렇게 말했습니다. "우리가 발견한 여러 가지 사실에 의하며, 시인과 소설가들이 주장하며, 일반인들이 오랫동안 믿어온 통념, 곧 남자는 여자와 다르게 생각할 뿐 아니라 다르게 행동한다는 사실이 맞습니다."

그런데 많은 사람들이 이성의 독특한 특성에 대해 알려고 하지 않습니다. 자기 방식대로 생각하고 행동하며, 자신의 방언으로 이야기하려 합니다. 그러다보니 서로 갈등이 생기는 것입니다.

고양이와 개가 싸우는 이유를 아십니까? 그 이유는 서로의 감정 표현 방법이 다르기 때문입니다. 고양이는 기분이 좋을 때 꼬리를 세웁니다. 그런데 개에게 있어 꼬리를 세운다는 것은 적대감의 표현입니다. 고양이는 너무 좋아서 꼬리를 세웠는데, 개는 고양이가 자신을 공격하려는 줄 알고 으르렁거리는 것입니다. 만약 개와 고양이가 서로에 대해서 조금만 관심을 기울이고 서로의 특성에 관한 지식을 쌓았더라면 어땠을까요?

남자와 여자는 정말 다릅니다. 그 중에서 남자가 원하는 것 몇 가지와 여자가 원하는 것 몇 가지를 살펴보면 다음과 같습니다.

남자는 첫째, 자신을 있는 그대로 받아들여줄 사람, 둘째, 자신이 해결해 줄 수 있는 일들에 대해 자신을 믿고 의지하는 사람, 셋째, 자신이 한 일 혹은 하고자 하는 일 때문에 자신을 존경하는 사람, 그리고 마지막으로 욕구를 채워줄 기회를 주는 사람을 원한다고 합니다.

그에 반해 여자는 첫째, 자신을 행복하게 해주고 싶어 하며, 자신의 상황을 이해해 주고 자신의 감정을 존중해 주는 사람, 둘째, 마음 놓고 사랑할 수 있고, 자신도 그 사랑을 보답 받을 수 있을 것이라는 믿음을 주는 사람, 셋째, 자신의 가치를 인정해 주고 사랑하며 소중히 대해 줄 사람, 넷째, 자신의 비밀을 누설해서 믿음을 깨뜨리거나 배신하지 않을 사람, 그리고 자신이 좋아하는 것을 이해해 주고 모든 일을 미리 알아서 챙겨주어 자신

49 • 매력남녀

은 생각조차 할 필요가 없게 해주는 그런 사람, 자신이 필요로 하는 것, 원하고 바라는 것을 미리 알아주는 사람, 그래서 부탁하지 않아도 알아서 도움을 주는 사람을 원한다고 합니다.

이 외에도 남녀 간의 차이는 성경책 만큼의 두께로 된 책에 기록해도 모자랄 정도입니다. 사랑을 하려는 사람이 이런 정보에 관심을 가지지 않는다는 것은 아직도 기본적인 자세가 되어 있지 않은 것입니다. 남자와 여자의 차이에 대하여 알 수 있는 방법은 우리 주변에서 쉽게 찾아 볼 수 있습니다. 좋은 책들도 있고, 멋지게 연애하고 단란한 가정을 이룬 선배들도 있습니다. 유익한 책을 읽고 지식을 얻으십시오. 존 맥스웰은 "더 이상 배울 것이 없다고 책 읽기를 거부한 사람은 결코 지금보다 더 성장하지 못한다"라고 말했습니다. 마을 인구가 고작 1,500명밖에 되지 않는 작은 마을, 헤이온와이에 40개의 서점을 열고, 미국 최고의 관광명소가 되게 한 리처드부스는 "책을 든 손이 늘 이긴다"는 간단한 지혜를 우리에게 알려 줍니다.

도저히 책을 읽는 것이 어려운 사람은 사랑에 도가 튼 선배들에게라도 배우십시오. 찾아가 물어보고, 그들의 삶을 책처럼 여기십시오. 이 정도 대가는 치러야 하지 않을까요?

남녀 간의 차이뿐만 아니라 사랑에 관한 지식도 쌓아야 합니다. 사랑의 본질이 무엇인지 알아야 사랑을 잘할 수 있지 않겠습니까? 첫 장에서 살펴 본 것처럼 사랑의 본질이 무엇인지를 배워야만 합니다.

고대 그리스 철학자 파라켈수스는 "아무것도 모르는 자는 아무것도 사랑하지 못한다. 아무 일도 할 수 없는 자는 아무것도 이해하지 못한다. 아무것도 이해하지 못하는 자는 무가치 하다. 그러나 이해하는 자는 또한 사랑하고 주목하고 파악한다. 한 사물에 대한 고유한 지식이 많으면 많을수록 사랑은 더욱 더 위대하다"라고 말했습니다. 그리고 월터 트로비쉬는 "사랑은 배워야 할 감정이다"라고 했으며, 에리히 프롬은 "사랑은 기술이다"라고 말함으로써 사랑 역시 배워서 습득해야만 하는 것이라고 우리에게 알려줍니다.

하지만 사람들은 막연하게, 그리고 느낌대로만 사랑합니다. 그것이 전부인 줄로만 압니다. 그래서 느낌이 사라지면 새로운 느낌을 찾아 떠납니다. 이런 태도는 정말 위험합니다. 성경에서처럼 사랑은 느낌이 아닌 구체적인 행동이라는 것, 그리고 배워야 하는 것이라는 것을 안다면 그런 실수는 저지르지 않을 것입니다.

가장 위대한 사랑, 그것은 예수님이 보여주신 사랑입니다. 십자가에서 죽으신 그 사랑, 그분이 우리에게 이렇게 말씀하십니다.

"사람이 친구를 위하여 자기 목숨을 버리면 이보다 더 큰 사

랑이 없나니"(요 15:13)

사랑하고 싶으십니까? 그러면 배우십시오. 많이 배운 자가 더 많이 진정한 사랑에 접근할 수 있습니다. 더 위대한 사랑을 할 수 있습니다.

외모로 끌어서 내면으로 하는 승부

사무엘상 16장 7절에서는 "사람은 외모를 보거니와 나 여호와는 중심을 보느니라"고 말하였습니다. 사람에게는 외모가 많은 비중을 차지하는 것이 사실입니다. 연예인들뿐만 아니라 일반인들까지도 자꾸만 자신의 몸을 뜯어고치는 것은 바로 이 때문입니다. 예쁘지 않으면 취직도 안 되고, 시집은 더더욱 가기가 힘들다고 합니다. 우리나라가 '성형공화국'이라고 부릴 정도로 사람들이 외모에 관심이 많습니다. 연예인들의 사진을 가져와서 이렇게 만들어 달라, 저렇게 고쳐달라고 합니다. 정말 이대로 가다가는 길거리에 다 비슷한 사람들만 다니겠습니다.

그러다 보니 사람들은 외모의 부족함 때문에 자기 자신만의 강점을 놓치는 경향이 있습니다. 외모가 조금 빠져도 다른 부분에서 충분히 만회할 수 있는데 방에서 나오지 못하는 것입니다. 소

개해 준다는 소리가 두려워지는 것이죠. 마치 그리스 신화에 나오는 파에톤처럼 외모 콤플렉스에 빠져 헤어 나오지 못합니다.

그래서 콤플렉스를 탈출하는 방법으로 성형을 택하고 있는 것입니다. 그런데 성형수술이 모든 것을 해결해 줄 것으로 생각하는 성형만능주의에 빠진 사람들이 간과하고 있는 것은 눈에 보이는 것만을 고쳐서는 오래가지 못한다는 사실입니다.

외모 지상주의는 분명 잘못된 것이지만, 현실이 이렇다면 우선 인정해야 합니다. 그리고 외모의 경쟁력을 갖추기 위해 노력해야 합니다. 그렇다고 성형수술을 받으라는 것은 아닙니다. 성형을 통해서 바꾼 것은 오래가지 못합니다. 금방 드러나게 되어 있습니다. 진정한 변화는 건강한 몸에서 나옵니다. 꾸준히 운동을 하십시오. 성형수술은 단기간에 몸을 만들기 때문에 부작용이 심하지만 운동은 그렇지 않습니다. 그리고 식습관을 바꾸십시오. 저녁에 야식 먹는 것을 금해야 합니다. 중요한 것은 가꾸는 것입니다. 외모는 가꾸기 마련입니다. 조금만 신경을 써서 가꾸면 지금보다 훨씬 매력적인 외모를 갖출 수 있게 될 것입니다.

외모를 가꾸기로 작정했다면 내면 또한 가꾸십시오. 외모만 핸섬하고 속이 텅 비어있는 사람이라면 아무래도 곤란합니다. 눈에 보이는 것은 변하게 되고, 싫증이 나기 마련입니다. 내면을 아름답게 가꾸어야 합니다. 그리고 교양과 자신만의 실력을 갖추어야 합니다. 그러면 당신의 가치는 크게 상승하게 될 것입니다.

외모와 실력을 가꾸십시오. 현명한 사람은 사람을 쫓아다니는 데 많은 시간을 낭비하지 않습니다. 오히려 그 시간에 자신을 가꾸고, 실력을 기르는데 투자합니다. 그러면 쫓아다니지 않아도 반쪽을 만나게 됩니다. 벌은 가끔 아름다운 꽃을 향해 갑니다. 그러나 거기서 달콤한 꿀을 얻을 수 없다면 뒤도 안돌아보고 떠나 버립니다. 당신의 외모는 사람을 끌 수 있습니다. 그래서 가꾸어야 합니다. 그러나 진정한 승부는 내면에서 결정됩니다. 반쪽을 찾기 위한 중요한 두 번째 원리 "외모로 끌어서 내면으로 승부하기"입니다.

겉을 보지 말고 깊이를 느껴라

좋은 사람을 만나려면 사람 보는 안목이 있어야 합니다. 인생에 있어 결혼만큼 중요한 것은 없습니다. 어떤 사람을 만나느냐에 따라 남은 인생이 좌우됩니다.

잠언 31장 10절에는 "누가 현숙한 여인을 찾아 얻겠느냐 그 값은 진주보다 더 하니라"고 하였습니다. 현숙한 여인을 볼 수 있는 안목, 좋은 사람을 볼 수 있는 안목이 중요합니다.

그렇다면 어떻게 하면 사람 보는 안목이 길러질까요? 메이저리그에서 감독들이 가장 좋아하는 선수는 상대 투수를 많이 괴

롭히는 타자라고 합니다. 비록 화끈하게 안타를 치거나 홈런을 날리지는 못해도 포볼로 걸어 나가기 전까지 상대 투수를 녹초로 만들어 버리기 때문입니다. 선발 투수가 던질 수 있는 투구의 한계를 100개 정도로 보는데 선구안이 탁월하여 볼을 잘 고르고 나쁜 볼을 파울로 만드는 타자는 혼자서 투수의 한계 투구의 절반을 소진케 합니다. 결국 홈런은 투수를 괴롭힌 타자 다음에 나오는 선수가 날리는 것입니다. 팬들에게는 몰라도 경기에 승리하기 위해서는 이런 선구안 좋은 타자가 더욱 필요합니다. 이 선구안이라는 것은 타고 나는 것이 아니라 피나는 훈련 가운데 만들어지는 것입니다.

책도 그렇습니다. 좋은 책을 고를 수 있는 눈은 하루아침에 길러지지 않습니다. 책을 많이 읽어봐야 좋은 책을 고를 수 있는 안목이 생깁니다. 마찬가지로 사람도 많이 만나봐야 사람 보는 안목이 길러집니다. 꼭 한 사람만 만나서, 그 사람과 연애하고, 그 사람과 결혼할 것이라는 '꽉 막힌' 생각은 절대 금물입니다. 심각하게 생각하지 말고 가볍고 건전하게 다양한 사람들을 만나 보는 것이 중요합니다. 그러면서 사람 보는 안목이 자연스럽게 길러지는 것입니다. 물론 다른 사람들의 조언에도 꼭 귀 기울이기를 조언합니다.

100원짜리만 아는 아이는 1,000원짜리 지폐를 주어도 1,000원짜리를 버리고 도리어 100원을 달라고 합니다. 왜 그렇습니

까? 1,000원짜리가 더 가치 있다는 사실을 모르기 때문입니다. 마찬가지로 내 수준(안목)의 차이가 배우자의 질을 결정합니다. 먼저 자신의 수준을 높이십시오.

하지만 잊지 말아야 할 것은 완벽한 사람은 없다는 것입니다. 배우자에 관한 여러 가지 조건들을 구체적으로 적어놓고 기도하되, 그 중 절대 포기할 수 없는 부분 몇 가지만 충족된다면 오케이 할 수 있어야 합니다. 자신은 완벽하지 않으면서 너무 까다롭게 굴면 평생 혼자 살 가능성이 높아집니다. 멋진 사랑을 위한 중요한 세 번째 법칙은 "사람을 보는 안목"을 기르는 것입니다.

시도하라 성공한다

사랑하는 사람에게 "당신을 좋아하게 되었습니다"라고 말하는 것은 사랑을 만들어 가는데 있어서 가장 중요합니다. 아무리 많은 준비를 해도 시도하지 않으면 아무 소용이 없습니다. 시도 하지 않으면 결코 사랑을 시작할 수 없습니다.

> "이와 같이 행함(시도)이 없는 믿음(준비)은 그 자체가 죽은 것이라"(약 2:17)

폴 투르니에는 "인생에 있어서 가장 큰 비극은 많은 사람들이 살아가는 일에 막연히 준비만 하다가 그들 생애 전부를 낭비한다는 사실이다"라고 말했습니다. 사랑을 준비만 하다가 시도함 없이 생애 전부를 낭비하는 것, 노처녀, 노총각으로 눈만 높아지는 것만큼 비극은 없습니다.

사랑에 실패할 수도 있습니다. 하지만 비버리 실즈는 이렇게 말했습니다. "실패한다면 그때만 실망할 것이다. 하지만 시도하지 않는다면 언제까지나 실망할 것이다." 실패하더라도 시도해 봐야 합니다.

미국 메이저리그의 전설적 타자 베이브 루스는 현역시절 동안 무려 714개의 홈런을 때렸습니다. 그의 홈런 기록을 깨뜨린 행크 아론을 보기 위하여 야구팬들은 무려 38년이나 기다려야 했습니다. 그는 1927년 시즌에서 무려 60개의 홈런을 날리기도 했습니다. 그는 타석에 서기만 하면 홈런을 치는 사람처럼 보였습니다. 그러나 714번의 홈런을 치기 위하여 무려 1,330번의 삼진을 당하기도 했다는 사실을 아십니까? 그가 60개의 홈런을 쳤던 1927년 그의 삼진 개수는 158개나 되었습니다. 성공은 실패를 바탕으로 이루어지는 것입니다.

그렇다면 어떻게 시도를 해야 합니까? 물고기가 있는 곳에 가서 그물을 던져야 하듯 사람을 만나려면 사람을 만날 수 있는 곳에 가야 합니다. 마냥 골방에서 눈물, 콧물 흘리면서 하나님께

부르짖는다고 하늘에서 뚝하고 백마 탄 남자(어여쁜 공주)가 떨어지지는 않습니다.

　좋은 사람을 만나고 싶으면 좋은 사람이 있을 만한 곳에 가면 됩니다. 그곳이 교회이겠습니까? 나이트클럽이겠습니까? 교회에 가면 신앙인을 만날 것이고, 나이트클럽에 가면 놀기 좋아하는 사람을 만날 것입니다. 교회에서는 하나님의 뜻대로 사는 사람을 만날 것이고, 나이트클럽에 가면 자기 뜻대로 사는 사람을 만나게 될 것입니다. 교회에서 만난다면 배려해 주는 마음이 따뜻한 사람을 만날 수 있겠지만, 클럽에서는 배려를 바라는 피곤한 사람이 기다리고 있을 뿐입니다.

　뿐만 아니라 마음에 맞는 상대를 만나려면 관심이 가는 사람과 눈을 자주 마주치는 것이 중요합니다. 그래야 정이 들기 때문입니다. 또한 모임 장소에서는 절대 한 자리에만 앉아 있지 말아야 합니다. 그것보다는 이리저리 돌아다니고 있으면 상대가 접근하기 더 쉬워진다는 사실을 기억하십시오. 시도하십시오. 의외로 당신의 시도를 기대하는 사람이 많습니다.

　당신은 이제까지 사랑 또는 결혼을 위해서 얼마만큼 준비를 했으며 어떤 투자를 했습니까? 막연히 아무것도 안하고 있는 것보다 구체적으로 준비하고 행동할 때 당신의 소원을 이룰 수 있는 확률이 커질 것입니다.

　링컨은 이렇게 말했습니다. "나는 계속 배우면서 나를 갖추어

나간다. 언젠가는 나에게도 기회가 올 것이다." 나는 이것을 이렇게 바꾸어 말하고 싶습니다. "나는 계속 배우고 가꾸면서 나를 갖추어 나간다. 언젠가는 나에게도 여자(남자) 친구가 생길 것이다." 준비하는 자에게 더 많은 기회가 올 것입니다.

외모의 매력은 하루살이의 생명처럼 순식간에 사라져 버립니다.
진짜 매력은 그 사람의 성품, 행동, 됨됨이 등에서 나옵니다.

매력남녀

매력적인 사람
남자만 읽는 매력 만들기
여자만 읽는 매력 만들기
성령의 열매를 맺으라

매력적인 사람

흔히 매력적인 사람이 되기 위하여 자기를 가꿀 때 외모에만 집중하는 경향이 있습니다. 물론 외모가 멋지면 첫인상에서 좋은 점수를 받는 것은 사실입니다. 젊은 남녀가 만나서 사귀기로 결정하는데 드는 시간은 3초라고 합니다. 3초 동안 그들이 서로에게 볼 수 있는 것은 무엇일까요? 단지 외모뿐입니다. 따라서 외모를 꾸미는 것이 잘못은 아닙니다. 자기 수준을 높여가는 것이 잘못은 아니니까요. 그러나 외모로 내려지는 평가는 언제든지 바뀔 수 있습니다. 외모로 갖게 된 호감은 다른 것 때문에 순식간에 사라질 수 있습니다. 외모가 주는 매력의 생명력을 보고 싶다면 하루살이를 보십시오. 외모의 매력은 하루살이의 생명처럼 순식간에 사라져 버리는 것입니다. 진짜 매력은 그 사람의 성품, 행동, 됨됨이 등에서 나옵니다. 따라서 당신이 매력적인 사람이 되기를 원한다면 외모에만 시간을 쏟지 마십시오. 매력적인 사람이 되기 위하여 관심을 가져야 할 다른 것에 눈길을 주십시오.

어떻게 하면 생명력이 긴 매력을 소유할 수 있을까요? 매력적인 사람이 되기 위한 10가지 충고를 살펴봅시다.

첫째, 남의 말을 잘 들어라.
둘째, 항상 명랑하고 유머를 잃지 말라.
셋째, 사람을 가려 사귀지 말라.
넷째, 약속을 생명처럼 지키라.
다섯째, 남에게 늘 감사하는 마음을 전하라.
여섯째, 필요할 때 망설이지 말고 필요한 행동을 취하라.
일곱째, 꿈을 향해 노력하고 최선을 다하는 사람이 되라.
여덟째, 외모를 단정하게 하라.
아홉째, 말을 골라할 줄 알라.
열째, 남에게 인색하게 굴지 말라.

만약 위에서 언급된 대로 행동한다면 당신은 분명히 매력적인

사람이 되어 있을 것입니다.

　많은 싱글들이 "외로움의 감옥"에서 탈출을 시도하고 있습니다. 하지만 '쇼생크 탈출'과 같은 기적은 잘 일어나지 않는 것이 우리의 현실입니다. 돈과 시간을 쏟아 부어도 잘 해결되지 않습니다. 미팅이 있을 때마다 빠지지 않고 나가는데 번번이 실패하고 돌아오는 경우가 대부분입니다. 나는 좋은데 상대방은 싫다고 합니다. 이 모든 것이 남 애기 같지 않은 것은 왜 일까요? 밤낮으로 쫓아다니는데 왜 내 마음에 드는 사람이 나타나지 않는 것일까요? 과연 하나님이 예비하신 사람이 있기는 한 걸까요?

　대다수의 평범한 사람들은 이처럼 "쫓아" 다닙니다. 나비 근성을 가지고 꽃이란 꽃은 다 따라가 봅니다. 그런데 그런 사람들의 문제점은 바로 밤낮 쫓아다니기만 하는데 있습니다. 쫓아다니기에 바쁜 나머지, 자신을 가꾸는데 소홀하다는데 그 문제의 심각성이 있는 것입니다. 정말 멋진 사람은 쫓아오게 만드는 사람입니다.

　그렇다면 어떻게 쫓아오게 만들 수 있을까요? 그것은 내가 "매력적인 사람"이 되는 것입니다. 물론 여기서 매력이라는 것은 단지 외모만을 의미하는 것은 아닙니다. 외모는 '한계효용체감의 법칙'에 의해 생존력이 결코 길지 않기 때문입니다. 그리고 예쁘기는 한데, 인격이 덜된 사람은 속된 말로 밥맛입니다. 그런 사람 곁엔 오래 있고 싶지 않습니다. 하지만 훌륭한 인격을 가진

사람은 씹을수록 맛이 납니다. 그래서 자꾸만 그의 곁에 있고 싶어집니다. 뿐만 아니라 그런 사람은 굳이 쫓아다니지 않더라도 입소문을 타고 사람들이 모여들기 마련입니다. 예쁜 꽃이 아니어도 꿀이 많으면 벌과 나비가 모여드는 것처럼 좋은 향기, 달콤한 맛을 가진 사람이 된다면 굳이 찍기 위하여 돌아다니지 않아도 됩니다. 가만히 있어도 마음에 든다며 주변에 사람이 몰리게 되어 있습니다. 이제는 내가 먼저 매력적인 사람이 됩시다. 그러면 찍지 않아도 찍힘을 받게 될 것입니다.

남자만 읽는 매력 만들기

자신만의 매력을 만들 때 남자들의 방법과 여자들의 방법은 다릅니다. 그 이유는 남자와 여자가 다르기 때문입니다. 남자가 원하는 것과 여자가 원하는 것은 다릅니다. 결국 매력적인 사람이 되기 위해서는 상대방이 원하는 스타일을 갖추어야 합니다. 자기 스타일을 모두가 좋아할 것이라고 착각하지 마십시오. 스킨십을 좋아하는 한 남자가 여자에게 은근히 스킨십을 했습니다. 남자는 여자들이 좋아할 것이라고 생각했겠죠. 그런데 여자들은 겉으로 내색은 못했어도 개구리나 바퀴벌레를 만난 것 같았답니다. 남이 원하는 매력이 있어야 모두에게 사랑을 받습니다. 자기

만 좋아하는 매력을 가진 사람은 늘 혼자서 거울을 보며 감탄할 뿐입니다.

1. 은혜를 아는 남자

마틴 로이드 존스는 은혜를 이렇게 정의 했습니다. "어떤 면에서 은혜란 너무도 놀라운 단어이기 때문에 정의할 수가 없습니다. 하지만 그것을 받을 자격이 없는 자에게 베풀어지는 호의라고 묘사하는 것보다 더 나은 정의는 없습니다."

은혜란 그의 말처럼 받을 자격이 없는 자에게 베풀어지는 호의입니다. 그리고 이런 은혜를 베풀 줄 아는 남자는 매력이 있습니다. 그렇다면 은혜로운 남자들은 구체적으로 어떤 특징들이 있을까요?

먼저, 은혜로운 남자는 여자를 보호할 줄 아는 사람입니다. 보아스는 룻을 보호했습니다.

> "내가 소년들에게 명하여 너를 건드리지 말라 하였느니라"
> (룻 2:9)

보아스는 자신의 일꾼들에게 미리 엄한 주의를 줬습니다. 룻을 희롱하지 말라고 말입니다. 그럼으로써 혹시 발생할지 모르는 위험으로부터 룻을 보호해 주었던 것입니다. 사실 그런 태도는

보아스 자신의 이익과는 전혀 상관이 없는 행동이었습니다. 오히려 룻과 같은 사람은 일하는데 있어서 귀찮은 존재일 수도 있었습니다. 그래서 일꾼들이 희롱을 하든지 말든지 전혀 상관할 필요가 없었습니다. 그러나 보아스는 룻에게 특별한 호의를 베풀었습니다. 보아스의 호의에 대하여 룻이 얼마나 고마워했을까요? 자기 같은 젊은 과부, 그것도 이스라엘인도 아닌 이방인 여자를 천하게 대하는 것은 당연한 것인데 그런 상황에서 자신을 존중해 주는 보아스를 보며 룻은 어떤 감정을 느꼈을까요? 보아스는 남들이 보기에는 물론이요, 스스로 생각해도 존중받을 수 없는 룻에게까지 은혜를 주었으며, 친절한 언행으로 대했고, 그러한 보아스의 태도는 룻을 감동시키기에 충분했습니다. 은혜로운 남자는 매력적입니다.

2. 경건한 남자

경건은 하나님에 대하여, 자기 주변에 대하여 그리고 자기 자신에 대하여 예수 그리스도 안에서 하나님을 믿는 믿음으로 사는 삶의 태도입니다. 그리고 이러한 삶의 자세로 받은바 구원의 선물에 합당한 삶을 구체적으로 실천하는 행동에 대한 총칭입니다. 경건은 모양에서 나오는 것이 아니라 실행에서 나옵니다. 이 경건의 모습이 보아스에게 있었습니다. 그는 축복할 줄 아는 사람이었습니다.

"여호와께서 네 행한 일을 보응하시기를 원하며 이스라엘의 하나님 여호와께서 그 날개 아래 보호를 받으러 온 네게 온전한 상주시기를 원하노라"(룻 2:12)

보아스는 이방 여인인 룻이 자신의 남편이 죽었음에도 불구하고 시어머니를 모시고 살며, 또 그를 뒷바라지하기 위해 궂은일도 마다하지 않는다는 사실을 알았습니다. 그래서 보아스는 이런 룻에게 하나님의 축복이 가득하도록 기원했던 것입니다.

또한 보아스는 책임을 소중히 여길 줄 아는 사람이었습니다. 룻에게는 보아스보다 더 가까운 친척이 있었지만, 그 친척은 나오미 가정의 기업 무를 책임을 회피했습니다. 왜냐하면 자신에게 손해되는 행동이라는 것을 너무나도 잘 알고 있었기 때문입니다. 하지만 보아스는 달랐습니다. 손해되는 것보다는 자신의 책임을 더욱 소중히 여기는 사람이었습니다.

「40, 새로 시작하라」의 저자 가와키타 요시노리는 남자의 책임은 타이타닉보다도 무거운 것이라고 말합니다. 남자가 되어 책임을 진다는 것의 무거움을 느끼지 못하는 사람은 경건과는 상관없는 사람입니다. 축구 팬이라면 누구에게나 익숙한 영국 프리미어리그의 우승팀 첼시의 구단주는 러시아의 석유재벌 아브라모비치라는 것을 알 것입니다. 그의 재산은 우리 돈으로 19조나 된다는군요. 그런데 그는 책임이라는 것이 어떤 것인지 잘

모르는 사람입니다. 그는 최근 그가 햄버거 하나 사 먹을 돈이 없었던 시절부터 그와 동고동락 해온 그의 아내 몰래 젊은 모델과 데이트를 즐기다가 들통이나 10조원의 위자료 청구소송을 당하게 되었습니다. 10조원이라는 돈을 날리게 된 것은 그에게 아무것도 아닙니다. 중요한 것은 그가 무책임한 사람이 되었다는 것입니다.

또한 경건한 남자는 약한 자를 도울 줄 아는 사람입니다. 야고보서 1장 27절에는 "하나님 아버지 앞에서 정결하고 더러움 없는 경건은 곧 고아와 과부를 그 환난 중에 돌아보고 또 자기를 지켜 세속에 물들지 아니하는 이것이니"라고 말씀합니다. 경건은 약자를 보호하고 지키는 것입니다. 고아와 과부, 자기 힘으로 살 수 없는 이들을 긍휼히 여기는 것이 경건입니다. 보아스는 가난한 과부였던 룻을 돌아보았습니다. 이런 모습 속에서 우리는 경건한 남자의 전형을 볼 수가 있습니다.

경건한 남자는 축복할 줄 알고, 책임을 질 줄 알며, 약한 자를 돕는 사람입니다. 이런 사람의 행동의 밑바탕에는 하나님을 경외하는 태도, 경건한 태도가 깔려있음을 기억하십시오. 이런 남자가 진정 매력이 있는 남자입니다.

3. 베푸는 남자

여자에게 무언가를 베풀 줄 아는 남자는 매력적입니다. 많은

사람은 자신이 무언가 가지고 있어야지만 베풀 수 있다고 생각합니다. 하지만 그런 생각은 잘못 된 것입니다. 베풀고자 하는 마음만 있으면 충분합니다. 베풂의 기술의 주인공인 폴 마이어는 27세에 백만장자가 되었고, 지금도 자신의 지적 가치를 20억 달러의 매출로 이어가는 탁월한 저술가입니다. 그에게는 한 가지 재정원칙이 있습니다. 그의 재정원칙은 그가 높은 수익을 올리지 못할 때부터 실행하는 것입니다. 그의 원칙은 모든 수익의 50%를 반드시 가난한 이들과 나누는 것입니다. 그의 이러한 삶의 철학은 많은 사람들에게 감동을 주었고, 그는 모든 사람에게 매력적인 인물이 되었습니다.

사람들이 점점 이기적이고 개인적으로 변해가고 있습니다. 자신의 이익을 가장 중요시하며 베풀 줄 모릅니다. 사회 복지 시설에 대한 기부금의 액수는 점점 줄어가고 있습니다. 이러한 시대에 남에게 베풀 줄 아는 모습을 지닌 남자는 유난히 돋보이게 될 것입니다. 그렇다면 베푸는 남자의 특징은 어떤 것이 있을까요?

당연히 베푸는 남자는 다른 사람을 풍족케 하는 특징을 가지고 있습니다. 자신보다 남의 이익을 우선시 합니다. 자신을 희생하고서라도 남을 잘되게 해주는 특징을 지니고 있습니다. 그리고 모자람이 없이 풍족하고 넘치도록 줄 줄 아는 사람이 바로 베풀 줄 아는 사람의 특징입니다.

뿐만 아니라 칭찬에도 익숙한 사람이 베푸는 사람입니다. 상대

방을 관심의 눈으로 살펴보며, 구체적으로 칭찬할 줄 아는 사람이 바로 베풀 줄 아는 사람입니다. 사람들의 영혼에 생기와 활력이 넘치게끔 하는 힘을 가지고 있는 사람이 바로 베풀 줄 아는 남자의 특징인 것입니다.

경호의 저자인 켄 블랜차드는 "칭찬은 고래도 춤추게 한다"고 말합니다. 칭찬은 불가능을 가능으로 바꾸고, 좌절을 희망으로 바꾸며, 비호감을 호감으로 바꾸는 능력이 있습니다. 칭찬하는 남자는 여자를 춤추게 하며, 여자들은 칭찬하는 매력이 있는 남자와 함께 춤추고 싶어 할 것입니다.

여자만 읽는 매력 만들기

1. 순종하는 여자

순종은 타의에 의해 강요되는 것이 아닙니다. 순종은 자발적으로 따라가는 것입니다. 자기의 소망과는 달라도 하나님의 뜻이라면, 다른 이들에게 더 큰 유익을 위하여 자기를 내 주는 것입니다. 우리는 순종의 대표적인 예를 예수님에게서 찾아볼 수 있습니다.

"그는 근본 하나님의 본체시나 하나님과 동등됨을 취할 것으

로 여기지 아니하시고 오히려 자기를 비어 종의 형체를 가져 사람들과 같이 되었고 사람의 모양으로 나타나셨으매 자기를 낮추시고 죽기까지 복종하셨으니 곧 십자가에 죽으심이라"(빌 2:6)

　예수님은 자발적으로 낮고 천한 인간의 모습으로 오셨습니다. 종의 형체를 갖는 것에 대해 순종하셨습니다. 자기를 낮추셨으며, 십자가에서 죽으라는 요구까지도 묵묵히 따라가셨습니다. 이런 모습이야말로 진정한 순종의 모습입니다. 그리고 매력적인 여자는 예수님과 같은 순종의 본을 따르는 사람입니다.
　그렇다면 왜 하필 여자에게만 순종을 요구할까요? 혹시 여자가 열등한 존재이기 때문입니까? 아닙니다. 여자가 남자보다 열등한 존재라는 어떤 증거도 없을 뿐만 아니라 어떤 면에서는 여자가 남자보다 더 훌륭한 경우가 많습니다. 우리가 너무나 잘 아는 마이크로소프트사의 빌 게이츠는 미국은 물론이요, 세계에서 가장 많은 돈을 번 사람입니다. 최근 그는 자신의 기업을 전문 경영인에게 맡기고 자신은 빌 앤드 멜린다 게이츠 재단을 통하여 자선 사업가로 변신했습니다. 그는 자신의 재산 중 단 100억 원만 자녀들의 유산으로 남겨 놓고 50조원에 이르는 천문학적 재산을 저개발국의 질병퇴치와 빈민구제에 사용하고 있습니다.
　빌 게이츠가 자선 사업가로 변신한 멋진 모습은 그의 아이디어

가 아닙니다. 그의 아내인 멜린다 게이츠의 권고로 이뤄진 것입니다. 빌 게이츠와 결혼하기 전 아프리카를 여행할 기회가 있었던 멜린다는 아프리카 빈민들의 처참한 모습을 보고 그들을 도와야겠다는 계획을 하게 되었고, 그 다음 해 결혼한 남편 빌 게이츠에게 지속적으로 재산의 사회 환원을 요청하여 이루어진 것입니다. 빌 게이츠는 세계에서 가장 영향력 있는 사람이지만 그의 아내 멜린다는 세계에서 가장 영향력 있는 사내에게 가장 영향력 있는 사람인 것입니다. "세계를 지배하는 것은 남자지만 그 남자를 지배하는 것은 여자"라는 말은 그를 통하여 증명되는 듯합니다. 이처럼 여자는 남자보다 더 뛰어난 부분이 많습니다.

여자에게 순종을 요구하는 것은 여자가 남자보다 더 나은 사람이기 때문입니다. 사실 성경은 어느 한 쪽에게만 순종을 요구하지 않고 서로에게 요구하고 있습니다(엡 5:21). 피차 복종하여 사랑을 가꾸는 것이 성경적입니다.

상호 간의 순종은 서로를 축복하는 분위기를 만들어 갑니다. 순종은 상대의 장점을 드러나게 해주며, 그런 태도는 사람의 마음을 끌기 마련입니다. 만약 순종의 태도가 없다면 다른 사람을 신뢰할 수 없게 되고, 따라서 '내가 통제해야 한다'는 생각을 갖게 됩니다. 이는 주위 사람들을 멀어지게 하고 결국 자신이 상처를 받게 됩니다. 꼭 기억해야 할 것은 순종은 자신이 낮은 사람임을 나타내는 것이 결코 아니라 오히려 나은 사람이라는 증거입니다.

순종하는 여자는 자신의 필요가 아닌, 타인의 필요를 채워줄 줄 아는 사람입니다.

> "너희는 각각 어미의 집으로 돌아가라 너희가 죽은 자와 나를 선대한 것 같이 여호와께서 너희를 선대하시기를 원하며 여호와께서 너희로 각각 남편의 집에서 평안함을 얻게 하시기를 원하노라"(룻 1:8~9)

나오미는 며느리들의 필요를 먼저 채워주고자 했습니다. 자신의 아들들이 죽자 며느리들도 자신과 같은 과부가 되었습니다. 늙고, 경제적 능력도 없었던 나오미의 마음속에는 며느리들이 자신을 버리지 않고 계속 뒷바라지를 해 주었으면 하는 바람이 있었을 것입니다. 하지만 며느리들은 젊고, 다시 새 살림을 차릴 수 있는 나이였습니다. 게다가 이방 여인들이었죠. 이 모든 것을 생각했던 나오미는 자신의 욕심을 버리고 두 며느리를 친정으로 돌려보내려고 합니다. 뿐만 아니라 그들이 재가해서 새 남편을 얻어 잘 살기를 바랐습니다. 나오미는 누가 시켜서 그렇게 한 것이 아니라 자발적으로 며느리의 필요를 채워주려 했던 것입니다.

나오미를 사랑했던 룻도 그렇습니다. 나오미의 말대로 룻은 보아스가 보고 반할 만큼 아름다운 여자였습니다. 과부이기는 하

지만 새 남자를 만나 새로운 가정을 꾸릴 수 있었습니다. 그러나 그녀는 자신과 수년간 함께 살았던 시어머니 나오미의 필요를 알았습니다. 함께 있고 싶어 한다는 것을 말입니다. 진정한 위로는 슬픔의 현장에 함께 있어 주는 것입니다.

또한 순종하는 여자는 웃어른의 의견을 존중할 줄 아는 사람입니다. 룻은 시어머니인 나오미의 의견을 존중했습니다. 늙었다고, 능력이 없다고 결코 무시하지 않았습니다. 하나님을 섬기듯 나오미를 섬겼으며, 그의 지혜를 인정했고, 그의 말대로 행했습니다. 나오미는 보아스가 룻에게 선대했다는 말을 듣고, 룻으로 하여금 보아스에게 기업 무를 책임을 지게 하려는 계획을 세웠습니다. 그리고 그 구체적인 계획을 룻에게 일러주었습니다.

룻은 그 계획을 잠잠히 들었습니다. 그리고 그 말대로 따랐습니다. 늙은 남자에게 시집을 보내려는 나오미의 계획에 순종했습니다. 따지지 않았습니다. 이런 순종이 있었기에 룻은 다윗왕의 할아버지인 오벳을 낳았던 것입니다. 이런 순종을 통해 이방 여인 룻은 위대한 예수님의 계보에 자신의 이름을 올릴 수 있었던 것입니다. 순종하는 여자는 매력적입니다.

2. 지혜로운 여자

성경에서 말하는 지혜로운 사람은 세상이 인정하는 지혜자와 다릅니다. 성경이 지목하는 지혜자는 여호와를 경외하고 그를

아는 것입니다. 따라서 지혜로운 여자는 여호와 하나님을 경외하는 사람입니다.

"여호와를 경외하는 것이 지혜의 근본이요 거룩하신 자를 아는 것이 명철이니라"(잠 9:10)

여호와를 경외하는 사람에게 주시는 하나님의 지혜는 사람의 마음을 흡족하게 하는데, 첫째는 상대방의 말을 존중하고 경청하게 합니다. 「말하는 습관이 운명을 바꾼다」의 저자이자 세계적인 대인관계전문가 레스 기블린은 다음과 같이 말합니다.

"사람은 누구나 자기 말이 옳다고 얘기해 주는 이들에게는 호감을 갖는다. 사람은 누구나 자기 말에 토를 달거나 동의하지 않는 이들은 싫어한다. 사람은 누구나 자기 말에 대해 좋은 반응이 없을 때는 기분이 나빠진다. 공감적 경청이 필요한 이유가 여기에 있다."

매력적인 여자, 룻은 듣는 귀가 있었고, 남의 의견을 존중할 줄 알았습니다. 룻은 보아스의 말을 들었고, 그의 말이 자신을 배려해 주기 위한 것이라는 것, 그리고 그 말을 따랐을 때 자신에게 유익이 된다는 것, 보아스의 말이 지혜로운 조언이라는 것을 알

았습니다.

미국에서 가장 영향력 있는 방송진행자인 오프라 윈프리의 최대 강점은 게스트로 나온 이들의 말에 집중하여 귀를 기울인다는 점입니다. 오프라 윈프리와 대화를 나누는 사람은 그가 사소한 것조차도 흘려듣지 않는다는데 놀라워합니다. 그러한 경청이 그녀를 지금의 그 자리에 있게 했습니다.

사실 사람들은 듣는 것을 싫어합니다. 귀찮아합니다. 왜냐하면 자기 자신만이 옳다고 생각하고, 모든 것의 판단의 기준이라고 생각하기 때문입니다. 하지만 이것은 교만한 태도입니다. 정말 지혜로운 사람이라면 다른 사람의 의견을 들을 줄 알고, 또한 그들의 의견이 옳다면 그것에 수긍하고 자신의 생각을 고칠 줄도 아는 유연한 태도의 소유자여야 합니다. 또한 지혜로운 여자는 말을 신중히 합니다. 말을 적게 해서 문제가 생기지 않습니다. 오히려 말을 많이 하기 때문에 문제가 발생하는 것입니다. 사람들이 가장 많이 상처 받는 것은 말 때문입니다. 많은 말은 분란의 원인이 됩니다. 날아오는 칼날은 피할 수 있지만 입에서 나온 말은 피할 수 없습니다. 그래서 지혜로운 사람은 말을 아낄 줄 압니다. 그리고 말을 할 때에도 아무 말이나 하지 않고 지혜로운 말, 사랑의 말, 따뜻한 말을 골라서 합니다. 잠언에서도 현숙한 여인의 특징은 "입을 열어 지혜를 베풀며, 그 혀로 인애의 법을 말하는 것"(잠 31:26)이라고 말씀하고 있습니다. 이처럼 지혜로

운 여자는 말을 신중하게 하며, 이런 신중한 말은 모임이나 관계 속에서 매끄러운 윤활유와 같은 역할을 감당하게 됩니다.

3. 끈기 있는 여자

여자에게 끈기가 더 필요한 이유가 있습니다. 그것은 남자들이 자신의 감정을 잘 표현하지 못하기 때문입니다. 그래서 본격적인 사귐을 시작하기 전까지 남자에게 시간을 줄 필요가 있습니다. 자꾸만 "우리는 어떤 사이지?"라고 물어보며 관계를 명확히 하기 위해 서두르지 않는 것이 필요합니다.

여자는 확인하는 것을 좋아합니다. 끊임없이 설정된 관계를 확인하고, 사랑을 확인합니다. 그 확인이 되지 않을 때는 쉽게 관계를 포기하려 하는 경향을 지니고 있습니다. 하지만 명심해야 할 것은 쉽게 포기하는 태도는 관계를 죽인다는 것입니다.

끈기 있는 여자는 다음과 같은 특징을 가지고 있습니다. 먼저는 환난 중에도 즐거워할 줄 압니다. 왜냐하면 이 환난이 자신을 더욱 성숙시킬 것을 알기 때문입니다. 끈기 있는 여자는 "환난은 인내를, 인내는 연단을, 연단은 소망을 이루는 것"(롬 5:3~4)을 알고 있기 때문입니다.

또한 끈기 있는 여자는 목표가 있는 삶을 삽니다. 과거의 실수에 얽매이기보다는 앞에 있는 목표를 향해 달려갑니다. 추구해야 할 목표가 있기 때문에 더욱 끈기 있는 삶을 살게 됩니다. 그래서 끈기 있는 사람은 자신이 지치고 힘이 들 때마다 자신의 목표를 되새기며 다시 일어나 달려 갈 줄 아는 사람입니다. 이러한 태도는 바로 우리 크리스천들이 추구해야 할 태도이기도 합니다.

사도 바울은 "오직 한 일 즉 뒤에 있는 것은 잊어버리고 앞에 있는 것을 잡으려고 푯대를 향하여 그리스도 예수 안에서 하나님의 위에서 부르신 부름의 상을 위하여 좇아간다"(빌 3:13~14)라고 했습니다.

마지막으로, 끈기 있는 여자는 열정적인 태도를 가지고 살아갑니다. 열정적이고 적극적인 태도로 모든 일에 임합니다. 주님이 요구하시는 것도 그분을 향한 우리들의 열정적인 태도입니다(계 3:15~16). 이러한 열정적인 태도가 함께 할 때 어떤 상황이라도 쉽게 이겨낼 수 있는 힘이 생길 것입니다.

4. 겸손한 여자

게리 토마스는 "겸손의 아름다움은 다른 사람들을 존경할 수 있는 능력을 갖게 된다"라고 말했습니다. 겸손이란 다름 아닌 "나보다 남을 낫게 여기는 태도"입니다. 겸손한 사람에게는 매력이 있습니다. 겸손한 사람과 함께 있다 보면 자신이 존중받고 있다는 느낌이 듭니다. 자신의 가치를 자각하게 됩니다. 기분이 좋아집니다. 겸손은 상대방을 높여주는 것이지만 결국에는 그 겸

손한 태도가 바로 자신을 높이고 매력적으로 보이게 한다는 것을 깨달아야 합니다.

겸손한 여자는 다른 사람을 자기보다 낫게 여깁니다. 겸손한 여자는 다른 사람을 섬길 줄 압니다. 겸손한 여자는 다른 사람을 높여줍니다. 그리고 이렇게 자신을 낮추는 겸손한 사람은 결국 높아지게 될 것이라고 성경은 말씀하고 있습니다.

> "누구든지 자기를 높이는 자는 낮아지고 누구든지 자기를 낮추는 자는 높아지리라"(막 3:12)

성령의 열매를 맺으라

이제까지 우리는 매력적인 남자와 매력적인 여자란 과연 어떤 사람인가에 대해 살펴보았습니다. 매력적인 사람들은 어떤 특징을 가지고 있었습니까? 매력적인 남자는 은혜롭고, 경건하며, 온유한데다 베푸는 특징을 지니고 있었습니다. 매력적인 여자는 순종적이고, 지혜로우며, 끈기 있고, 겸손한 특징이 있었습니다. 물론 이 외에도 수많은 특징들이 사람을 매력적으로 보이게 만들 것입니다.

사실 이 모든 것은 성령의 9가지 열매 안에 포함되어 있는 내

용입니다. 성령의 아홉 가지 열매인 사랑, 희락, 화평, 오래 참음, 자비, 양선, 충성, 온유 그리고 절제에 포함되어 있는 모습들이었습니다. 따라서 우리에게 만약 성령의 열매가 맺어진다면 자연스레 매력적인 사람이 되었다는 것으로 이해하면 됩니다.

성령의 열매는 사람을 매력적으로 만듭니다. 그리고 이것은 바로 예수님 안에서 발견되는 모습입니다. 우리 모두가 예수님을 닮아가고 성령의 열매를 맺음으로 부디 "매력적인 남자, 매력적인 여자"가 되기를 바랍니다. 그러면 반드시 보아스와 같은 매력남, 룻과 같은 매력 녀를 만나게 될 것입니다.

사랑에는 정말 유통기간이라는 것이 존재하는 걸까요? 그토록 뜨거웠던 연인들이, 언제 그랬느냐는 듯이 냉담하게 뒤돌아서는 이유는 무엇일까요?

4장

우리 이제 헤어져요

고슴도치의 사랑 Part 1

사랑의 유통기간

사랑의 위기

사랑에 대한 오해

사랑 비타민

고슴도치의 사랑 Part 2

고슴도치의 사랑 part 1

추적추적 비가 내리는 어느 날 밤, 두 마리의 연인 고슴도치가 서로를 노려보고 있었습니다. 이 두 고슴도치는 아주 오래된 친구이며, 결혼을 앞 둔 사이였습니다. 그런데 그 밤에 더 이상 친구로서 지내지 않기로 작정하고 한 바탕 싸움을 할 기색이었습니다. 처음에는 말로 싸움을 시작했습니다.

"먹보."

"못난이."

"마마보이."

"왈패."

서로가 서로의 약점 들추어내기 시작했습니다. 점점 말의 강도가 거세지기 시작하더니 결국 두 고슴도치는 주먹으로 서로의 얼굴을 가격하기에 이르렀습니다. 이제 이 두 고슴도치가 친해지기는 물 건너 간 것 같습니다.

그런데 갑자기 하늘에서 번개가 치면서 주위의 모든 것을 조용하게 만들었습니다. 연인 고슴도치들도 싸움을 멈추었습니다. 그리고 두 눈을 동그랗게 뜨고 하늘을 보고 있는데 번개와 함께 요란한 천둥소리가 들리고, 급기야 억수같은 비가 쏟아지기 시작했습니다. 고슴도치들은 갑자기 무서운 생각이 들었습니다. 그리고 온 몸에 차가운 한기를 느끼기 시작했습니다.

고슴도치들은 어떻게든 이 추위와 무서움을 극복하고 싶었습니다. 그래서 서로가 서로를 껴안았습니다. 그런데 이번에는 고슴도치의 가시가 문제였습니다. 껴안으면 껴안을수록 각자의 날카로운 가시가 서로의 몸을 찔러 견딜 수가 없었습니다.

"야, 가시로 찌르지 좀 마."

"흥, 너는 어떻고. 너의 가시는 나의 심장까지 찌르는 것 같아 견딜 수가 없을 지경이야."

혹시 이 고슴도치들의 대화가 당신이 연인과 나누고 있는 대화는 아닌가요? 우리는 사랑한다고 하면서도 서로의 폐부를 찌르는 말들로 인하여 상처를 주고받습니다. 이러한 상처로 인하여

관계가 깨어지기도 하고, 죽고 못 살만큼 사랑했던 사이가 서로 죽이고 싶을 만큼 미워하는 관계가 되기도 합니다.

사랑의 유통기간

많은 남녀가 사랑을 하고, 또 이별을 합니다. 사랑의 기쁨만큼 이별의 아픔도 감당할 수 없이 크게 다가옵니다. 젊은 베르테르는 실연당한 후 권총자살을 택했고, 카미유 클로델은 로댕으로부터 실연당한 후 정신병에 걸려 비참하게 생을 마쳤습니다. 이런 극단적인 경험은 아니더라도 실연의 상처에 눈물짓고 고통스러워하며, 그 아픔에서 헤어 나오지 못하는 이들을 주위에서 어렵지 않게 찾아볼 수 있습니다.

사랑에는 정말 유통기간이라는 것이 존재하는 걸까요? 그토록 뜨거웠던 연인들이, 언제 그랬느냐는 듯이 냉담하게 뒤돌아서는 이유는 무엇일까요? 혹시 서로가 발견하지 못한 어떤 오해 때문은 아닐까요?

사랑은 시작하는 것보다 지키는 것이 더욱 중요합니다. 어떤 위기 속에서도 꿋꿋이 견디어낸 사랑이 아름다운 것입니다. 강준민 목사는 「나의 사랑 나의 어여쁜 자야」란 저서에서 이런 말을 했습니다. "사랑의 출발은 쉬워도 완성은 어렵습니다. 성숙한

사랑을 위해서는 사랑의 지혜를 배워야 하고 실천해야 합니다. 난초를 키우는 것과 같은 정성스런 마음을 가져야 합니다. 사랑은 가꿀수록 아름답습니다. 하나님의 뜻은 사랑을 가꾸는 지혜를 배워 아름다운 사랑의 예술가가 되는 것입니다." 사랑은 가꾸는 것입니다. 가꿀수록 아름다워집니다. 이것이 바로 하나님의 뜻임을 깨닫고 소중히 되새겨야 합니다.

이제부터 연애를 하면서 찾아올 수 있는 위기에 대해 생각해보고, 그것을 어떻게 예방하고 극복하여 사랑을 굳건히 다질 수 있을지를 나눠보도록 합시다.

사랑의 위기

처음부터 뜨겁지 않은 사랑은 없습니다. 사랑하는 사이라면 누가 먼저라고 할 것 없이 보고 싶고, 만나고 싶고, 무언가를 해주고 싶어 합니다. 하지만 거의 대부분의 커플들은 시간이 지남에 따라 첫사랑의 열정을 잃어버리고 맙니다. 심지어는 상대방을 귀찮은 존재로 여기기까지 합니다. 언제 뜨거웠느냐는 듯이 상대방을 자신의 인생에 있어 하나의 장애물로 여기는 경우도 있습니다.

뿐만 아니라 이제껏 잘 숨겨두었던 각자의 가시들을 치켜세우

고 서로를 찌르기 시작합니다. 다른 성을 가지고 있고, 다른 환경 속에서 오랜 시간을 자라왔기 때문에 당연히 모든 것이 다릅니다. 그런데 처음에는 이런 것들이 드러나지 않다가, 아니 드러났더라도 사랑의 뜨거움에 용해되어버렸던 것이 이제는 더 이상 간과할 수 없는 문제로 부상하게 됩니다.

점점 목소리가 "속삭임"에서 "고함"으로 변해갑니다. 과거에는 주는 것에 초점을 맞추었다면, 이제는 내가 얼마나 많이 받았는가에 관심을 가지며 사랑의 손익을 따지게 됩니다. 그래서 자기가 조금이라도 손해를 본 것 같으면 참을 수가 없게 됩니다. 이타적이었던 사랑이 점점 이기적인 사랑으로 변질되어 갑니다.

서로에게 너무 익숙해져버린 탓인지 더 이상 서로를 위한 노력을 하지 않는 경향이 있습니다. 그래서 흔히 이러한 허울 좋은 변명을 합니다. "관계가 깊어지면 사랑이 아니라 정으로 사는 것이다." 그리고 상대방의 희생을 당연하게 여기며, 더 많은 헌신을 기대합니다. 이렇게 되면 두 사람 사이에 더 이상의 로맨스는 찾아볼 수는 없게 됩니다.

더 큰 문제는 '혹시 그녀가 내 짝이 아닐지도 모른다' 라는 생각을 한다는데 있습니다. 그래서 가끔은 예전의 그 "설렘"을 동경해 보기도 하며, 새로운 사랑을 꿈꿔보기도 합니다. 그리고는 언제든 또 다른 사랑이 나타나면 떠날 준비를 해 놓고 살아갑니다. 가방 싸고 연애하는 커플로 변해버리는 것이죠.

우리가 꼭 기억해야 할 것이 있습니다. 이별을 생각하기에 앞서 과연 자신은 상대방에게 최선을 다했는지 각자에게 물어볼 필요가 있습니다. 그리고 그 위기라는 것이 결코 극복할 수 없는 것이었는지를 생각해봐야만 합니다. 그렇지 않은 상태에서 섣불리 이별을 결정하게 되고, 또 새로운 사랑을 시작한다 해도 이전과 똑같은 전철을 밟게 될 것입니다.

사랑에 대한 오해

사람들은 사랑에 대한 오해를 가지고 있는 듯합니다. 물론 감정은 있다가도 사라지고, 사라졌다가도 다시 생기는 믿지 못할 성질의 것이기에 사라질 수도 있습니다. 하지만 그런 식으로 생각하는 사람들이 간과하고 있는 중요한 문제는 사랑이 식어지게 된 이유가 사랑을 지속시키고, 성장시키기 위한 노력과 의지가 부족하기 때문이라는 생각은 하지 않는데 있습니다.

사랑이란 평생을 통해 완성시켜가는 것입니다. 사랑의 목표는 사랑의 완성에 있습니다. 사랑의 비중은 처음에 있지 않고, 완성에 있다는 말입니다. 처음에 느꼈던 그 사랑의 감정은 사랑의 경주에 있어 출발점에 불과한 시작일 뿐입니다. 앤드류 매튜스가 말했듯이 "어떻게 시작했는가가 아니라, 어떻게 끝내느냐가 중

요한 것"입니다.

　사랑의 완성을 위해 달려가야 합니다. 그리고 그것은 서로의 희생과 노력으로 만들어 가는 것입니다. 성장에는 당연히 고통이 수반됩니다. 하지만 고통이 없이는 아무것도 얻을 수 없습니다. 건강한 사랑은 어제보다는 오늘, 오늘보다는 내일, 더 자라 있는 것입니다. 만약 자라지 않는 사랑, 오히려 퇴보하는 사랑이 있다면 그것은 희망 없는 사랑이고, 키에르 케고르의 말처럼 '죽음에 이르는 병'에 걸린 것이라고 말할 수 있습니다.

　사랑은 혼자가 아닌 둘이서 가꾸어가는 것입니다. 사랑이란 나무에 함께 물주고, 가지 치며, 키워 내는 것입니다. 성장에는 알맞은 온도와 물, 영양분, 그리고 햇빛 등이 필요합니다. 때로는 가지를 쳐 내는 아픔도 겪어야 하며, 나무를 공격하는 벌레도 잡아주어야만 합니다. 성장은 끊임없는 관심과 노력이 요구됩니다. 저절로 성장할거라 생각하고 가꾸지 않는다면, 어느 새 사랑의 나무가 말라 비틀어져 죽어 있음을 깨닫게 될 것입니다. 그때는 후회해도 소용없습니다. 이미 죽은 나무는 다시 살아나지 않기 때문입니다. 상대방의 필요에 둔감해지기 시작할 때, 상대방의 요구가 귀찮아지기 시작할 때, 사랑의 위기는 시작되는 것입니다. 내가 무심히 여겼던 그 한 순간 한 순간이 사랑의 뼈대가 되고, 살이 되고 있다는 것을 명심해야 합니다.

　다시 한 번 강조하지만 사랑은 완성시키는 것이 중요합니다.

그러기 위해서는 사랑의 위기를 극복해야 합니다. 그리고 그것은 철저한 예방을 통해 이루어질 것입니다. 그렇다면 그 예방법에는 과연 어떤 것들이 있을까요?

1. 신중히 시작하라.

당신은 교제를 시작할 때 충동적인 편이라고 생각합니까, 아니면 신중한 편이라고 생각합니까? 아마 많은 사람이 충동적으로 교제를 시작할 것입니다. 그야말로 'Feel'이 꽂히면 연애를 시작하는 것 같습니다. 물론 어느 누구도 사랑의 호르몬이 불타오르는 순간에 평정심을 유지할 만한 사람은 없을 것입니다. 하지만 교제의 시작이 충동적일수록 헤어짐도 충동적이 될 가능성이 큽니다. 왜냐하면 자신이 생각했던 것만큼 상대방은 완벽한 사람이 아니며, 그것에 따른 실망감이 시간이 지남에 따라 점점 커져가기 때문입니다.

당신은 교제를 시작하기 위해 어떤 특별한 기준을 가지고 있습니까? 여자들은 180cm이상, 명문대 출신에, 안정된 직장과 돈도 좀 있어야 하겠고, 몸짱, 얼짱에, 좋은 매너의 남자, 남자들은 날씬한 몸매에 긴 생머리, 하얀 피부에 달걀형 얼굴의 여자… 혹시 이런 조건은 아닙니까? 외모지상주의에 물들은 현대인들은 사람을 볼 때 그 사람의 내면의 가치를 바라보려하기보다는 외적으로 보이는 조건에 훨씬 큰 비중을 두고 있는 것이 사실입니다.

크리스천이라고 해서 세상 사람들과 기준이 크게 다른 것은 아닙니다. 우스갯소리로 크리스천들 중에 노처녀 노총각들이 많은 이유는 세상적인 조건에 믿음의 조건까지 더해야하기 때문이라고 말하는 것을 들어보았을 것입니다. 얼마 전 한 청년이 교제하고 싶다며 소개를 시켜 달라고 요청을 했습니다. 그래서 "어떤 처자를 소개해 줄까?"라고 물었더니 첫째도 미모, 둘째도 미모, 셋째도 미모라더군요. 내 주변에 예쁜 여자가 없어서 신앙이 좋은 자매를 소개시켜 주었습니다. 한 동안 만나서 직장인 선교회에 다니며 교제를 했습니다. 들리는 소리로는 이 청년의 신앙이 좋아졌다는 것입니다. 교회생활을 보니 정말 그런 것 같았습니다. 하지만 아쉽게도 그 만남은 결혼으로 연결되지는 않았습니다. 그런데 이 청년이 다시 와서 한 번만 더 소개시켜 달라는 것입니다. 그래서 '이전과는 기준이 많이 달라졌겠지'라고 생각을 하며, "어떤 처자를 소개시켜 줄까?"라고 물었습니다. 그런데 이 청년이 이렇게 대답을 하는 것이었습니다. "예! 목사님. 첫째도 미모와 신앙이고, 둘째도 미모와 신앙이고, 셋째도 미모와 신앙입니다." 속으로 결혼하기 힘들겠다는 생각을 했습니다. 어떻습니까? 우리의 이런 판단 기준에 대하여 하나님은 어떻게 생각하실까요?

하나님의 마음을 알기 위하여 사무엘의 시대로 가 봅시다. 하나님은 사울을 왕으로 삼으신 것을 후회하셨습니다. 그리고 사

무엘을 시켜 새로운 왕에게 기름을 부으라는 명령을 내렸습니다. 명령을 받은 사무엘은 이새의 집으로 가서 이새의 아들들을 만났습니다. 맨 처음 큰 아들 엘리압의 준수한 외모를 보고 사무엘은 엘리압이 바로 여호와의 기름 부음을 받을 자라고 생각하였습니다. 하지만 하나님은 "사람은 외모를 보지만 나는 그 사람의 중심을 본다"고 하셨습니다.

"여호와께서 사무엘에게 이르시되 그 용모와 신장을 보지 말라 내가 이미 그를 버렸노라 나의 보는 것은 사람과 같지 아니하니 사람은 외모를 보거니와 나 여호와는 중심을 보느니라"
(삼상 16:7)

사람이 외모를 본다는 것을 하나님도 인정하셨습니다. 하지만 하나님은 분명 외모보다 중요한 것이 중심이라고 말씀하고 계십니다. 사무엘은 외모를 보고 충동적으로 엘리압이 다음 왕이 될 사람이라고 생각 했지만, 하나님은 그의 중심을 보시고 버렸다고 하셨습니다.

만약 사무엘이 외모를 보고 엘리압에게 기름을 붓는 실수를 저질렀다면 어떻게 되었을까요? 이스라엘 왕국은 또 혼란에 빠지게 되고, 백성들은 또 다시 다른 왕을 찾아야만 했을 것입니다. 이렇듯 외모를 보고 충동적으로 판단하고 행동하다보면 잘못된

결정을 내릴 가능성이 커집니다. 마찬가지로 외적인 조건만을 가지고 사람을 섣불리 판단하고 연애를 시작하게 된다면 그에 따른 부작용이 크리라는 것은 불을 보듯 훤합니다. 충동적으로 쉽게 시작한 것인 만큼 충동적으로 쉽게 끝나게 되는 것입니다.

신중하면 신중할수록 좋습니다. 먼저 결혼을 위해서 하나님께 내어놓고 배우자를 위해서 구체적으로 기도하기 바랍니다. 그리고 연애를 시작하기에 앞서 그것이 하나님의 뜻인지, 그가 진정 하나님이 원하는 사람인지를 신중하게 확인해볼 필요가 있습니다. 그리고 주위의 조언도 들어볼 필요가 있습니다. 사랑의 콩깍지를 잠시만 떼어내고 그 사람 주위의 평판은 어떠하며, 또 그 사람과 내가 얼마나 잘 어울리는가를 조목조목 짚어볼 필요가 있습니다. 조급한 마음을 버리고 하나님께 모든 것을 맡길 때 하나님께서 확신을 주실 것입니다. 그러면 그때 행동하면 됩니다. 교제를 시작할 때 신중하게 시작하기 바랍니다. 얼마만큼 신중하게 시작하느냐에 따라 갈등은 줄어들 것이며, 사랑의 위기를 예방하고 극복할 수 있는 가능성 또한 커지게 될 것입니다.

2. 먼저 사랑하라.

당신은 사랑을 어떻게 생각하십니까? 그리고 당신은 사랑을 좀 더 주는 편입니까, 아니면 받는 쪽에 가깝나요? 사랑의 본질에 대해서는 이미 1장을 통해 배웠습니다. 다시 한 번 강조하지

만 사랑은 느낌이나 감정이라기보다는 의지이고 노력입니다. 구체적인 행동이며 배워야 하는 것입니다. 이러한 진리를 잊지 마십시오.

모든 사람들은 사랑을 받고 싶어 합니다. 사랑에 굶주려 있습니다. 사랑을 원하지 않는 사람은 없습니다. 하지만 어느 누가 먼저 사랑을 주지 않는다면, 사랑을 받고자 하는 사람만 있고 주려는 사람은 없다면 어떻게 될까요? 사랑은 먼저 주는 것입니다. 그렇기 때문에 사랑해달라고 요구하기에 앞서 먼저 사랑해야 합니다. 마태복음 7장 12절에 보면, "그러므로 무엇이든지 남에게 대접을 받고자 하는 대로 너희도 남을 대접하라"고 분명히 말씀하고 있습니다. 사랑받고 싶으면 먼저 사랑하라는 것입니다.

투도보리(投桃報李: 복숭아를 주면 오얏으로 받는다)라는 말이 있습니다. 이 말은 "저쪽에서 선물을 보내면 이쪽에서도 거기에 보답한다"는 의미입니다. 일본의 요시다 공업주식회사의 경영주 요시다 타다오는 "만약 우리가 자비의 씨를 뿌려 다른 사람에게 자비를 베푼다면, 그 자비는 우리에게 되돌아와서 우리와 다른 사람 사이를 쉬지 않고 돌고 돌게 될 것이다"라는 말을 한 적이 있습니다.

사랑 받고 싶다면 먼저 주기 바랍니다. 그러면 그 사랑이 되돌아옵니다. 이자가 더해져서 되돌아옵니다. 그러면 또 주십시오.

그럼 신기하게도 더 큰 사랑으로 다시 되돌아옵니다. 이와 같은 과정을 통해 사랑은 돌고 돌며, 점점 커져만 갑니다. 이 세상이 온통 사랑으로 충만해져 가는 것입니다. 이것이 바로 사랑의 신비입니다.

우찌무라 간조는 "내가 남에게 사랑을 받고 싶으면, 내가 남을 사랑하는 것이 상책이다. 왜냐하면 나는 내가 준 사랑 이상의 사랑을 남에게서 받을 수 없기 때문이다. 남에게 사랑을 요구하기만 하고 이를 남에게 나눠주지 않는 사람은 마침내 사랑의 구두쇠가 되어 사랑 결핍증으로 망하고 말 것이다"라고 말하며 베풂의 사랑을 강조합니다.

무엇보다 하나님의 자녀 된 우리는 이미 가장 높으신 분으로부터 무엇과 비교할 수 없는 고귀한 사랑을 받았습니다. 우리는 예수님이 죽기까지 사랑한 존재들입니다. 우리가 느끼지 못하고 있는 지금 이 순간에도 주님은 한없는 사랑을 부어주고 계십니다. 우리 때문에 기쁨을 이기지 못하고 계십니다.

"너의 하나님 여호와가 너의 가운데 계시니 그는 구원을 베푸실 전능자시라 그가 너로 인하여 기쁨을 이기지 못하여 하시며 너를 잠잠히 사랑하시며 너로 인하여 즐거이 부르며 기뻐하시리라 하리라" (습 3:17)

이 땅에서 사랑의 정신을 몸소 실천하신 예수 그리스도는 제자들의 발을 씻겨주셨고, 친히 십자가에 못 박혀 죽으심으로 우리에게 그 사랑의 증거를 보여주셨습니다. 따라서 우리는 사랑을 줄 수 있는 원천과 능력을 가졌으며, 사랑을 해야만 하는 존재들입니다.

크리스천은 이러한 하나님의 크신 사랑을 믿으며 사는 사람입니다. 그리고 그 사랑을 본받아 사랑을 실천하는 사람입니다. 예수 그리스도께서 먼저 우리를 사랑하셨기에 그 사랑으로 먼저 사랑을 하는 자입니다. 더 이상 사랑하려하지 않고 계속 받기만 하려는 사람은 그리스도의 사랑을 아직 깨닫지 못한 사람입니다.

모든 문제는 무엇이든지 초점이 나에게로 향하여져 있기 때문입니다. 내가 좀 더 받아야 한다고 생각하기 때문입니다. 하지만 그 욕구가 완전히 채워질 수 있을까요? 절대로 채워질 수 없습니다. 그 목마름은 그 어느 누구도 채워줄 수 없는 것입니다. 아무리 채우려고 노력을 해도 채워지지 않을 것입니다. 그래서 싸우게 되는 것이죠. 자꾸만 욕심을 부리니까 상대방도 지쳐서 쓰러지는 것입니다.

하지만 진정한 사랑은 초점이 자신이 아닌 타인에게로 맞춰져 있습니다. 내가 먼저가 아니라 상대방을 먼저 채워주려는 마음이 바로 사랑입니다. 먼저 사랑해 주면 사랑을 받고 있는 사람은

만족할 수밖에 없습니다. 왜냐하면 자신이 요구하지 않았음에도 불구하고 풍성한 사랑을 받고 있기 때문입니다. 자신은 아무것도 한 것이 없음에도 불구하고 대가없는 사랑을 받고 있기 때문입니다. 그래서 그 영혼이 피어나게 되는 것입니다. 그리고 결국에는 사랑의 순환이 일어나게 되는 것입니다. 사랑을 받았던 사람은 자신이 받았던 그 사랑으로 다시 사랑을 베풀게 될 것입니다. 처음에는 주기만 했던 사랑이 배가되어 돌아오는 것을 경험하게 될 것입니다. 그것이 바로 '사랑의 법칙' 입니다.

먼저 사랑하기 바랍니다. 사랑해달라고 자꾸만 떼를 써서 상대방을 지치게 하기보다 먼저 풍성한 사랑, 변함없는 사랑을 보여주기 바랍니다. 서로가 주려고 하면 감정 상할 이유도, 싸울 이유도 없습니다. 사랑을 받으려고 할 때 사랑은 고갈되지만, 사랑을 주려고 할 때 사랑은 풍성하게 넘칠 것입니다. 내가 먼저 주었던 작은 사랑의 씨앗이 곧 자라서 큰 나무를 이루고 때가 되어 달콤한 열매로 돌아오는 것을 경험하게 될 것입니다.

3. 죽기까지 사랑하라.

그러면 얼마만큼 사랑을 해야 할까요? 성경은 죽기까지 사랑해야 한다고 말합니다. 너무 무리한 요구인가요? 그런데 성경은 늘 우리에게 무리한 요구를 하고 있다는 사실에 주목해야 합니다. 우리가 그 무리한 요구에 긍정적으로 반응했을 때 상상도 못

했던 일이 벌어지는 것입니다.

"그가 우리를 위하여 목숨을 버리셨으니 우리가 이로써 사랑을 알고 우리도 형제들을 위하여 목숨을 버리는 것이 마땅하니라"(요일 3:16)

예수님은 우리를 위하여 십자가에서 목숨을 버리셨습니다. 그렇게 사랑하셨습니다. 그리고 주님은 동일하게 이렇게 요구하십니다. "죽기까지 사랑하라." 그리고 죽기까지 사랑하는 것보다 더 큰 사랑은 없다고 말씀하십니다. 자신을 죽이는 것, 그것이 바로 사랑의 본질입니다. 따라서 우리는 한 사람을 우리의 목숨을 내어 줄 정도로 사랑해야 합니다. 죽기까지 사랑한다면 그런 사랑에 위기가 찾아올 리 만무합니다. 최선을 다해 사랑하지 않기 때문에 갈등이 일어나는 것입니다.

죽기까지 사랑하십시오. 하지만 정말 죽을 수 있는 상황은 그리 많지 않습니다. 다만 죽기까지 사랑하는 사람은 자신의 목숨 대신 자신의 욕심을 죽일 수 있는 사람일 것입니다.

연인이 싸우면 누가 이깁니까? 덜 사랑하는 사람이 이기기 마련입니다. 더 많이 사랑하는 사람은 결코 이길 수가 없습니다. 왜냐하면 사랑의 본질은 자신이 죽는 것이기 때문입니다. 죽은 사람이 이길 수 없는 법입니다. 사랑하는 사람 앞에서는 자신의

욕심, 소망, 그 외 자신의 모든 것이 사라지기 마련입니다.

그리고 죽기까지 한 사람을 사랑하는 사람은 그 한 사람만 바라보는 사람입니다. '내 눈에는 당신밖에 안 보여요(I Only Have Eyes For You)' 라는 노래의 가사는 이렇습니다.

내 사랑은 아주 특별한 눈먼 사랑임에 틀림없어요.
나는 오로지 당신밖에 볼 수 없다오.
오늘밤에는 별님도 없나 보죠?
지금 날씨가 흐린지 환한지 난 몰라요.
내 눈에는 당신밖에 안 보여요.
달이 놓아도
난 하늘에서 아무것도 볼 수 없어요.
내 눈에는 당신밖에 안 보여요.
우리가 지금 정원을 거니는지
인파로 가득한 길가에 나왔는지 난 알지 못해요.
당신은 지금 여기 있고 나도 여기 있죠.
아마도 수백만의 사람이 지나가겠죠.
하지만 그들은 모두 시야에서 사라지고
내 눈에는 당신밖에 안 보여요.

이 노래의 가사와 같이 될 필요가 있습니다. 일부러 그 한 사람

에게 눈이 멀 필요가 있습니다. 한 사람에게 눈이 먼 사람은 그 사람을 위해 죽을 수 있습니다. 예수님은 나 한 사람에게 눈이 머셨고, 나 한 사람을 위해 십자가에서 목숨을 내어놓으셨던 분입니다.

이러한 태도는 특히 여자보다는 남자에게 필요합니다. 왜냐하면 남자는 시각에 약한 존재이기 때문입니다. 남자들은 보이는 것에 쉽게 흥분합니다. 예쁜 여자가 지나가면 자신도 모르게 고개가 따라 움직이는 것이 바로 남자의 본능입니다. 따라서 남자는 자신의 눈을 훈련시킬 필요가 있으며, 그것을 통해 한 사람에게 시선을 고정시켜야 합니다. 그랬을 때 '눈먼 사랑'을 할 수 있을 것입니다. 죽기까지 사랑하면 위기는 없습니다.

4. 사랑을 믿어라.

먼저 생각이 많은 여자의 한 대목을 읽어보십시오. 아마도 이런 경험이 없는 분은 많지 않을 것입니다. 당신에게 이런 위기를 극복하는 방법이 있습니까? 없다면 지금 찾아야 합니다.

남자 : 미안, 좀 늦었지? 급한 전화가 와서 말이야.
여자 : 괜찮아요. (혹시 딴 여자가 생긴 거 아니야)
남자 : ……
여자 : (새 옷 입었는데 눈길도 안주네. 무관심해진 거야)

남자 : 배고프지 않아?

여자 : (그동안 5kg이나 늘었는데 둔해 보이기도 하겠지)

남자 : 왜 그래?

여자 : 아무것도 아니에요. (딴 여자가 생긴 게 분명해)

남자 : 거참, 처음 볼 때부터 표정이 어둡던데, 왜 그래?

여자 : (또 짜증내네, 요즘 내내 그러더니, 지겨워 진 것이 분명해)

남자 : 뭐라고 말 좀 해봐.

여자 : (헤어지자고 하기 전에 내가 먼저 그만둬야지)
　　　우리, 이제 그만 만나요.

남자 : 뭐라고?

　　　　　- 수잔 놀렌 혹스마, 「생각이 너무 많은 여자」 중에서 -

　여자는 의심하는 존재라지요. 사랑하고 있는 순간에도 끊임없이 의심하는 것이 바로 여자입니다. 왜 이렇게 의심을 할까요? 그 이유는 여자는 유난히 사랑받기 위해 태어난 존재이기 때문입니다. 여자는 사랑을 먹고 살아간다는 말입니다. 성경에서는 남편을 존중(존경)하라고 했고, 아내를 사랑하라고 했습니다. 이것은 남성은 사랑을, 여성은 존중을 필요로 하지 않는다는 말이 아니라 남성이 좀 더 필요로 하는 것은 바로 존중(존경, 격려)이

며, 여성에게 좀 더 중요하게 여겨지는 것은 사랑이라는 뜻입니다. 따라서 여자는 언제나 사랑을 원하며, 사랑을 해줘도 항상 부족함을 느끼는 것입니다.

이런 이유로 여자는 자신이 사랑받고 있다는 사실, 남자가 자신을 사랑하고 있다는 사실을 끊임없이 확인하게 되는 것입니다. 사랑을 의심하고, 확인하고자 하는 것은 여자의 당연한 심리입니다.

요즘 사람들은 과거에 비해 너무 사소한 기분 변화에도 심각한 의미를 부여하고, 그 의미를 자세히 살피려는 경향이 있습니다. 특히 여자들은 애인이나 배우자와 잘 지내고 있을 때조차 상대의 반응을 살피고, 건강 상태를 점검하고, 작은 변화가 생겨도 의심하는 경향이 있는 것입니다.

게다가 사회적으로 불평등을 겪고 있는 여자들은 사회적 성공을 위해 사람들의 눈치를 더 살펴야만 했으며, 남자보다는 더 다른 사람들과의 감정적 관계를 맺고, 타인의 감정에 더 많은 신경을 쓰면서 깊은 교제를 하기 원하는 심리가 있습니다. 그리고 여자는 남자에게 대체적으로 경제적, 심리적으로 의존하려는 경향이 있습니다. 여자는 남자에게 인정받고, 배우자로 인해 안락한 생활을 누리고 싶어 합니다. 또한 여자는 "누구의 여자 친구", "누구의 아내", "누구의 엄마" 등으로 불리는 등 인간관계에 의해 자신을 규정할 가능성이 높습니다. 특히 배우자와의 관계를

벗어나서는 자신을 규정하지 못하기 때문에 남자와의 관계에서 생겨나는 모든 면을 감시하게 되는 것입니다.

하지만 의심이 지나치면 상황의 좋은 점은 보지 못하고, 문제만 꼬집어내며 관계를 개선하는 것이 불가능하다고 부정적으로 생각하게 됩니다. 그리고 점점 자신을 비난하게 되고 '나는 사랑할 가치가 없다', '더 이상 좋은 관계를 가질 수 없다'… 같은 비관적 생각으로 이끌려가게 되며, 결국은 관계의 파괴를 불러오게 됩니다.

그러므로 여자는 남자에게 끊임없이 확인시켜달라고 요구하고, 남자는 여자를 안심시키려 노력하지만 절대 만족시켜 주지 못하게 되는 것입니다. 결국 여자는 모든 것을 귀찮아하는 남자의 행동을 더욱 불안해하면서 남자에게 자신을 영원히 사랑할 것을 약속해달라고 요구하게 됩니다. 그러나 남자는 의무감과 같은 감정으로 마지못해 사랑을 약속하지만, 여자는 그 의무감마저 알아차리고 걱정하며 남자가 자신을 사랑하지 않는 것 같다고 말하게 되며, 남자는 그럴수록 훨씬 더 여자에게서 멀어지게 되는 것입니다.

고린도전서 13장 7절에서는 "사랑은 모든 것을 믿으며"라고 말씀하고 있습니다. 사랑은 상대방이 나를 사랑하지 않는다고 생각될지라도 그 사람의 사랑을 믿어주는 것입니다. 특히 이 부분은 여자들이 더 주목해야 할 부분입니다. 그 이유는 남자가 표현에 약하기 때문입니다. 남자는 표현에 약합니다. 남자는 경쟁적이고, 절제적이고, 또 수비적인 존재로 태어났으며, 자신의 감정을 숨기기 위해 혼자서 일처리 하기를 좋아하기 때문입니다. 그리고 남자는 감정을 내보이는 것이 허약함의 표시라고 생각합니다. 뿐만 아니라 사회적 관습이 "남자처럼 행동하라", "용감하게 대처하라", "남자는 울지 않는다" 등을 가르침으로써 남자들의 이런 태도를 더욱 강화시켰습니다. 남자는 사랑하고 있음에도 여자가 딱 원하는 말을 하는 것을 쑥스러워 하기도 합니다.

또한 남자가 "사랑해"라고 말하지 않는 이유는 사랑이 무엇인지 모르고 또 욕정과 열정을 사랑으로 혼동하기 쉬운 경향이 있기 때문입니다. 남녀관계가 시작된 지 몇 년이 지나서야 비로소 남자는 자신이 사랑에 빠졌다는 것을 압니다. 그리고 많은 남자들이 장기적인 약속(결혼)을 두려워하는 이유는 사랑이라는 단어가 자신을 평생 구속할 것을 두려워하고, 슈퍼모델 같은 여자를 만날 기회를 박탈당하는 것이 아닌가하는 속물적인 근심 때문입니다. 이게 바로 남자입니다.

그리고 남자는 원래 사랑을 얻기 전까지는 여자에게 목숨을 바칠 것 같으면서도 정작 교제에 성공하게 되면 다시금 다른 Mission(일, 성공)에 도전하고자 하는 성향이 있습니다. 그것은 여자를 사랑하지 않기 때문이 아닙니다. 남자는 여전히 자신의 상대방을 사랑하고 있습니다. 그러나 남자에게는 항상 현재를

유지하는 것 이상의 목표를 갖습니다. 새로운 공격 목표를 무너뜨리는 것이 더 우선되기 때문에 그렇게 보이는 것일 뿐입니다. 잡은 고기에게는 먹이를 주지 않고 새로운 고기를 잡고 싶어 하는 남자의 심리를 이해해야 합니다. 그러므로 여자는 이 남자가 나를 사랑하고 있다고 믿어주는 것이 필요하고, 그렇게 할 때 건강한 관계를 이룰 수 있습니다. 사랑을 믿어주면 위기는 사라집니다.

사랑 비타민

사랑하는 사람과 헤어진다는 것은 너무도 힘이 드는 일입니다. 우리 중에는 정말 죽을 것만 같은 실연의 느낌을 경험해본 사람도 있을 것입니다. 밥도 못 먹고, 잠도 못 이룹니다. 베개는 눈물로 인해 흠뻑 젖어있고, 마치 심장을 칼로 도려내는 아픔이 있습니다. "꿈이겠지, 이건 정말 꿈 일거야"라고 스스로 위로하면서, 현실을 결코 믿고 싶지 않을 것입니다. 자꾸만 그 사람의 얼굴이 떠오르고, 전화를 걸어 목소리라도 듣고 싶은 그 마음, 익숙해진 손동작으로 전화를 걸어보지만 바로 끊을 수밖에 없는 그 심정, 미칠 것만 같은 충격적인 경험이 바로 실연의 아픔입니다.

물론 사랑한다고 해서 꼭 결혼해야만 하는 것은 아닙니다. 하

지만 헤어지는 이유를 미연에 방지할 수만 있다면, 그것이 정말 예방 가능한 것이라면 최선을 다해서 그것을 피해야 할 것입니다. 그렇지 않으면 새롭게 연애를 시작한다 할지라도 똑같은 문제로 말미암아 '사랑의 위기'를 겪게 될 것입니다.

당신의 완성된 사랑을 위하여 첫 만남부터 신중히 시작하기 바랍니다. 그리고 먼저 사랑하고, 죽기까지 사랑하기 바랍니다. 서로가 사랑하고 있다고 믿으십시오. 이 네 가지 '사랑 비타민'이 당신의 사랑을 더욱 풍요롭게 해 줄 것입니다.

고슴도치의 사랑 part 2

다시 말싸움을 시작한 고슴도치들에게 하늘은 더 많은 번개를 보냈습니다. 고슴도치들은 뭔가 좋은 방법을 찾아야만 했습니다. 이때 고슴도치들은 예전에 서로가 서로를 사랑했을 때 사용했던 방법을 생각했습니다. 그것은 서로의 가시가 엇갈리도록 하여 껴안고 함께 체온을 나누는 것이었습니다. 상대가 가시에 찔리지 않도록 조심스럽게 안아 주는 것입니다. 고슴도치들은 그렇게 서로를 안아주었고, 천둥 번개 치던 그 밤에 다시 그들만의 사랑을 회복했습니다. 그리고 앞으로도 그렇게 서로를 사랑하기로 다짐했습니다.

사랑은 결코 불장난이 아니며 인스턴트는 더더욱 아닙니다.
아껴주고 지키며 보호해줄 때 사랑은 비로소 완성되는 것입니다.

사랑한다면 기다려줘요

한 여름 밤의 꿈
뜨거운 감자
사랑 그리고 섹스
참을 수 없는 유혹
행복 끝, 불행 시작
달콤한 첫 맛과 쓰디쓴 끝 맛의 유혹 이기기
진정한 사랑
회복 그리고 특별한 기쁨

한 여름 밤의 꿈

오리들이 사는 호수에도 여름이 찾아왔습니다. 여름은 오리들에게 있어서 낭만의 계절이기도 하지만 더러는 예기치 않은 후유증을 남기기도 합니다. 그것은 젊은 오리들의 성문제가 어느 때보다도 강하게 드러나는 계절이기 때문입니다. 어른 오리들이 모여서 의논한 끝에 원앙을 초청해 사랑에 대한 강의를 듣기로 했습니다. 원앙은 먼저 사랑에 실패한 젊은 오리의 경험담을 듣고자 했습니다. 그러자 한 처녀 오리가 나와서 말했습니다.

"작년 여름이에요. 사랑하는 총각 오리와 함께 휴가를 떠났습니다. 첫날은 정말 즐거웠어요. 함께 푸른 물을 가르며 수영을 하였습니다. 따로따로 둥지를 틀고 아름다운 꿈을 꾸며 잠들었습니다. 그런데 다음날 저녁, 소나기가 내리자 무섭지 않느냐며 그가 내 둥지로 건너 왔습니다. 나는 원하지 않았지만 만약 거절하면 그의 기분이 상할까봐 허락하고 말았어요. 그런데 그는 다음날, 나를 떠났습니다. 난 그날을 사랑의 시작으로 생각했는데 그는 사랑의 끝으로 마무리하더군요."

원앙이 입을 열었습니다.

"젊은 만남은 끊임없는 갈구를 가져옵니다. 그리고 함께 보면 모든 것이 아름답습니다. 그래서 사랑을 즐거운 것만으로 생각하기 쉽습니다. 그러나 사랑은 갈구인 동시에 인내이며, 아름다움인 동시에 슬픔이기도 하며, 즐거움인 동시에 고통이기도 합니다. 그래서 우리는 절대 어떠한 경우이건 혼전에는 둥지를 함께 쓰지 않습니다. 함께 한 둥지 속에 있으면서 유혹을 떨쳐버린다는 것이 불가능하기 때문입니다. 그리고 우리는 몸에 대한 관심을 영혼의 대화로 바꾸려고 노력합니다. 성의 유희보다도 하늘의 별과 풀잎의 흔들림과 풀벌레들의 노래를 함께 듣는 걸 더 즐거워합니다."

이때 한 오리가 일어나서 질문하였습니다.

"그러다가 상대가 변하면 어떡합니까? 우리는 변하지 않는 증거로 몸을 요구하기도 합니다."

원앙이 미소를 띠며 대답했습니다.

"사랑은 믿음과 신뢰입니다. 아직 둘 사이의 사랑이 못미덥다면 믿음과 신뢰가 다져질 때까지 그 사랑을 더욱 키워가는 것이 중요합니다. 그 시점에서의 성행위는 아직 더 자랄 수 있는 풋사과를 조급하게 따버리는 것과 같습니다."

원앙은 이렇게 말을 맺었습니다.

"물의 힘을 전기로 바꾸는 댐처럼 절제는 성욕의 힘을 진정한 사랑으로 변화시킨다는 것을 알아주시기 바랍니다. 이런 사랑이야말로 가실 줄을 모르는 사랑입니다. 즐겁되 후회 없는 여름휴가가 되기를 바랍니다."

사랑은 결코 불장난이 아니며 인스턴트는 더더욱 아닙니다. 아껴주고 지키며 보호해줄 때 사랑은 비로소 완성되는 것입니다.

뜨거운 감자

젊은 남녀가 교제를 하면서 생기는 가장 큰 유혹은 바로 혼전 성관계입니다. 실제적으로 많은 남녀가 그 유혹을 이기지 못하고 넘지 말아야 될 선을 넘습니다. 그 결과로 원하지 않는 임신, 서로에 대한 신비감의 상실 등의 씻을 수 없는 상처를 남기고, 후회하는 젊은이들이 넘쳐나고 있습니다.

최근에는 점점 성에 대하여 관대해지고 있습니다. 그리고 그에 따른 성적 유혹의 정도도 점점 강해지고 있습니다. 매스컴은 프리섹스를 조장하며, 그것을 로맨스로 포장하고 있습니다. 이메일에는 '오빠 나 한가해요'라는 제목의 불법 메일이 가득하고, 길거리에는 벗은 여자의 사진이 어지럽게 널려있는 게 요즘 세상입니다. 우리는 너무 쉽게 성적인 유혹에 노출되어 있습니다.

세상은 우리를 가만 놔두지 않습니다. 마귀는 지금도 '괜찮아, 어때? 멋있잖아? 사랑한다면 그 사랑을 확인해봐야지?'라고 속삭이며 혈기 왕성한 젊은이들을 유혹하고 있습니다.

성개방의 시대에 크리스천들은 어떻게 해야 할까요? 사랑하는데, 그래서 곧 결혼할 건데 가끔 성관계를 맺어도 괜찮지 않을까요?

2002년 실시한 우리나라 대학생의 성의식에 관한 조사에 따르면 혼전 성관계가 가능하다는 응답이 전체 73.3%를 차지하였고, 불가하다는 응답은 16.9%로 나왔습니다. 그런데 2006년 조사에 의하면 혼전 성관계가 가능하다는 응답이 85.4%에 달하고 있습니다. 4년 전보다 12%가 올라간 수치입니다. 당신은 어떻게 생각하십니까? 당신도 혹시 혼전 성관계에 대하여 관대한 편은 아닙니까? 하지만 우리가 꼭 기억해야 할 것이 있습니다. 그것은 혼전 성관계가 만족은 짧고 후회는 길다는 것입니다.

우선, 결혼관계 밖에서의 육체적 관계는 분명 죄입니다. 절제

되지 못한 성욕은 정욕이라는 이름의 죄가 됩니다. 성교는 단순히 육체적, 정신적인 것 이상의 것을 포함합니다. 그리고 그 행위가 지닌 '내면적 실재'(영혼)를 해치는 것이므로 그릇된 것이며, 혼전 성관계는 서로의 삶을 연합시키고자 하는 의도가 없는 육체적으로만 연합하는 행위이므로 더욱 옳지 못합니다.

둘째, 육체관계를 너무 서두르면 도리어 그 관계가 깨질 수 있습니다. 혼전 성관계를 맺은 후에는 서로를 소중히 여기지 않을 가능성이 큽니다. 남자는 자신의 순간적 만족을 위해 사랑한다고 말할지 몰라도, 대부분의 남자는 자신의 몸을 함부로 굴리는 여자를 천박스럽게 여깁니다. 그리고 여성들은 남자가 충분한 시간을 들이지 않고 서둘러 육체적 접촉을 시도할 때 남자가 자신의 몸만 탐하고 있다는 불쾌한 느낌을 갖게 됩니다.

셋째, 성급하게 성관계를 맺으면 결혼 전에 해결해야 할 문제를 볼 수 없습니다. 결혼 전 크고 작은 문제들을 미리 해결하는 것은 중요합니다. 하지만 일단 성적 사랑에 눈을 뜨게 되면, 육체적 관계가 주는 큰 만족감 때문에 그 사람이 하나님이 정해주신 올바른 배우자인지 아닌지를 객관적으로 판단하는 눈이 흐려질 수 있습니다.

마지막으로, 여자만 손해입니다. 혹시라도 원치 않는 임신을 하게 되면 어떻게 될까요? 남자는 과연 책임을 질까요? 그리고 남자에게 무슨 흔적이 남습니까? 혹시 예기치 못한 임신으로 낙

태를 하게 된다면 여자는 육체적, 정신적으로 많은 상처를 입게 됩니다. 혼전 성관계의 유혹을 이겨내기 위해 앞에서 언급한 내용을 꼭 되새기기 바랍니다.

사랑 그리고 섹스

사랑과 육체적 관계는 어떤 연관성 있을까요? 당신은 혹시 육체적 관계가 없이도 사랑을 유지하는 것이 가능하다고 생각하나요?

시테른 베르크의 '사랑의 삼각형 이론'이 있습니다.

첫째, 열정. 이것은 낭만, 신체적 매력, 몰입과 같은 성적인 욕망과 관련된 요소를 말합니다.

둘째, 친밀감(호감). 이것은 가깝고, 연결되어 있으며, 결합되어 있다는 느낌을 말합니다.

셋째, 의지. 이것은 어떤 사람을 사랑하기로 결심하는 의사결정과 그 사랑을 지속시키기 위해 모든 것을 바치겠다는 헌신적 요소를 말합니다.

시테른 베르크는 육체적, 정신적(감정적), 의지적 요소가 균형

을 이루어야 성숙한 사랑이라고 말하고 있습니다.

이처럼 성숙한 사랑의 조건에는 분명 육체적인 요소도 포함되어 있습니다. 그리고 진정한 남녀 간의 사랑은 성적 결합의 소망을 불러일으킵니다. 완전한 사랑을 위해서는 플라토닉(정신적)만 이어서도 아니고, 에로스(육체적)만 이어서도 아니며, 둘 다 필요합니다. 그 모든 것을 통해서 육체와 영혼의 결합이 이루어지는 것입니다.

육체적으로 하나가 된다는 것은 그리스도께서 그의 신부인 교회와 영적으로 하나 됨을 나타내는 지상적인 표현입니다. 그리고 육체적 관계는 친밀한 하나 됨을 위해 하나님이 우리에게 주신 선물입니다. 따라서 서로가 더욱 친밀해지기 위해서는 육체적 관계가 필요합니다. 하지만 문제는 육체적 관계를 맺지 않는 것보다는 너무 빨리 가지려는 것이 문제입니다. 영화를 보십시오. 만나자마자 뜨거워져서 한 몸을 이룹니다. 그리고 문제가 발생합니다. 육체적인 관계를 너무 늦게 맺어서 문제가 발생하는 경우는 거의 없습니다.

흔히들 연애 기간이 길면 좋지 않다는 말을 들어보셨을 것입니다. 그 이유 중의 하나는 아마 한 쌍의 남녀가 결혼이라는 지점에까지 도달하는 순간에는 여러 친밀함의 단계에 들어가는데, 이는 육체적 관계를 통한 표현 없이 그 관계가 오래 지속될 수 없기 때문입니다. 그래서 긴 연애 기간 동안을 참지 못해 결혼

전에 성관계를 맺게 됩니다. 하지만 이런 식으로 결혼 전에 이미 육체적 관계를 경험하면 둘 사이에 더 이상의 신비감은 없어지게 됩니다. 그래서 결혼 또한 쉽게 포기할 가능성이 커지기 때문에 연애 기간이 길면 좋지 않은 것입니다.

참을 수 없는 유혹

육체적 연합에 대한 소망을 억누를 수 없다면 어떻게 해야 할까요? 두 말 할 것도 없이 결혼해야 합니다. 성경은 정욕에 불같이 타느니 혼인하라(고전 7:9)고 말하고 있습니다.

육체적 연합을 참을 수 없을 때 성경의 방법은 분명 결혼하는 것입니다. 만약 결혼을 억제하면 그것이 그들로 하여금 죄에 빠지게 할 가능성이 크기 때문에 억지로 결혼을 삼가서는 안 됩니다.

만약 아직 결혼한 처지가 아니라면, 예를 들어 경제적 문제나 심리적 확신의 부족 등의 문제 때문이라면 사랑의 확인을 위해 혼전 성관계를 가져도 될까요? 절대 그렇지 않습니다. 성교는 사랑의 테스트가 아니기 때문입니다. 그것은 사람들이 시험해 보기 원하는 것이지만, 시험함으로써 파괴되는 것이기 때문입니다. 따라서 성관계를 서둘러 갖기 이전에 상대방을 충분히 알고

사랑을 심화시킬 필요가 있는 것입니다.

그렇다면 결혼을 전제로 하는 것은 어떨까요? 그것 역시 안 됩니다. 왜냐하면 앞으로 두 사람이 어떻게 될지 모르기 때문입니다. 우리의 계획은 아무리 확고부동해도 사람의 계획일 뿐입니다. 그리고 사람의 계획에는 허점이 있기 마련입니다. 오직 여호와의 뜻만이 완전하게 서는 것입니다(잠 19:21).

결혼식장에서 혼인 선포를 할 때까지 그 사람과 결혼할지 안 할지는 아무도 모릅니다. 결혼식을 하는 중에도 확신이 서지 않아서 도망가는 신부나 신랑을 만나게 될지 누가 알겠습니까? 따라서 순간의 충동에 못 이겨 섣불리 행동하는 것은 어리석은 짓입니다.

행복 끝, 불행 시작

혹시 혼전 성관계를 맺음으로써 원치 않는 아이를 임신하게 되었을 때 생길 수 있는 문제들과 아픔들에 대해서는 생각을 해보셨습니까? 지금 이 순간에도 얼마나 많은 아이들이 원치 않는 임신으로 인해 엄마의 뱃속에서 지워지고 있으며, 또 거리에 버려지고 있습니까?

1996년 OECD에 가입한 우리나라는 선진국의 대열에 들어섰

다고 들떠 있었습니다. 그런데 아이러니하게도 1996년에 버려진 아이들 중 무려 2,080명을 해외로 입양 보내는 비극을 연출했습니다. 버려진 아이들도 불행하지만 아이를 버려야 하는 부모를 생각해 보십시오. 행복해야 할 임신이 불행의 시작이라는 사실을 발견해야 합니다. 혼전 성관계로 불행 중에 출산되어 버려진 아이는 누려야 할 행복을 태어날 때부터 박탈당하는 것입니다.

성관계를 하는 동안에는 행복할지 모릅니다. 육체적 쾌락이 분명히 존재하니까요. 그러나 잠시의 즐거움이 끝난 후 그 행복은 끝나고 견디기 힘들 불행이 시작되는 것입니다.

"무릇 어리석은 자는 이리로 돌이키라 또 지혜 없는 자에게 이르기를 도적질한 물이 달고 몰래 먹는 떡이 맛이 있다 하는도다 오직 그 어리석은 자는 죽은 자가 그의 곳에 있는 것과 그의 객들이 음부 깊은 곳에 있는 것을 알지 못하느니라"(잠 9:16~18)

순간의 쾌락으로 자신을 음부에 내어던지는 어리석음을 범해서는 결코 안 될 것입니다. 그리고 혼전 성관계, 그것은 참기 힘든 유혹일지언정 참을 수 없는 유혹은 아닙니다. 우리는 그 유혹을 이겨내야만 합니다. 그래야 하나님이 기뻐하시고 축복해 주

시는 아름다운 사랑의 관계를 이어나갈 수 있습니다.

달콤한 첫 맛과 쓰디쓴 끝 맛의 유혹 이기기

어떻게 하면 하와의 선악과 같은 그 유혹을 뿌리칠 수 있을까요? 첫 맛은 달콤하지만 끝 맛은 혀가 아릴 정도의 쓴 맛을 주는 그 유혹을 어떻게 이길 수 있을까요? 당신을 향하여 슬며시 다가와 '이번 딱 한 번만'이라고 말하는 유혹을 이기고 자신을 성결하게 지키는 법을 알지 못하면 늘 한 번만의 유혹에서 헤어 나올 수 없습니다.

1. 기도하라.

성관계는 그 유혹의 힘이 너무나 강렬합니다. 그래서 수많은 사람들이 성적 유혹을 물리치지 못하고 넘어진 것을 우리는 기억합니다. 미국의 빌 클린턴 전 대통령, 프랑스의 미테랑 전 대통령, 고든 맥도날드 목사 등 섹스 스캔들로 인해 수십 년간 쌓아온 명성을 하루아침에 날려버리고 자신의 인생에 큰 오점을 남긴 사람이 한두 사람이 아닙니다.

성경에서도 섹스 스캔들로 인해 인생을 비참하게 마무리 한 사람을 우리는 기억합니다. 그 사람은 다윗입니다. 하나님의 마음에 합한 사람으로까지 불린 다윗은 밧세바와의 간음 사건으로 인해 엄청난 대가를 치러야 했습니다. 두 사람 사이에서 태어난 아이가 죽었으며, 훗날 자식들 간의 간음과 살인, 그리고 쿠데타까지 경험했던 것을 보게 됩니다.

우리는 다윗의 예를 통해 중대한 사실을 한 가지 발견할 수 있습니다. 그것은 하나님 앞에 신실하게 서 있는 사람이라 할지라도 성적인 유혹 앞에서 굴복당할 수 있다는 것입니다.

다윗은 분명 하나님과 동행했던 사람이며, 하나님께 크게 인정받았던 사람입니다. 우리 중 다윗만큼 하나님께 인정받을 수 있는 사람이 과연 몇이나 될까요? 다윗처럼 위대한 신앙의 선배도 넘어졌습니다.

이것은 우리의 힘만으로는 간음의 유혹을 이길 수 없다는 것을 여실히 드러내는 것입니다. 따라서 우리는 다른 힘이 필요합니다. 그 유혹을 이길 수 있는 조력자가 필요합니다. 그분은 바로 예수 그리스도이시며, 우리는 그분께 도움을 청해야 합니다. 예수님께 끊임없이 기도해야 합니다.

예수님은 공생애를 시작하기 전에 마귀에게 시험을 받으셨습니다. 예수님의 시험은 대부분 본능에 관한 것이었습니다. 성적 욕구와 같이 인간의 본능에 반응하도록 하는 유혹이었습니다.

예수님은 그 유혹을 물리치신 분입니다. 그 안에 충만한 하나님의 말씀으로 본능에 반응하라는 마귀의 유혹을 물리치신 분입

니다. 우리는 그분께 도움의 손길을 요청할 수 있습니다. 그리고 그분은 우리의 도움의 손길을 뿌리치지 않는 분이라는 것을 기억하기 바랍니다.

2. 피하라.

성적 범죄를 저지르지 않기 위한 효과적인 방법 한 가지는 피하는 것입니다. 애굽에 노예로 팔려온 요셉은 시위대장 보디발의 집으로 가게 됩니다. 성실하게 자신의 맡은 일을 잘 감당했던 요셉은 주인의 은혜를 입어 가정 모든 살림을 총괄하는 총무가 됩니다. 그런 요셉을 음탕한 눈으로 줄 곳 지켜 본 사람이 있었으니 그 사람은 바로 보디발의 아내였습니다.

요셉이 가정 총무가 되자 보디발의 아내는 요셉에게 성관계를 맺을 것을 요구합니다. 하지만 요셉은 하나님께 범죄할 수 없다며 단호히 그 요구를 거부했습니다. 그래도 보디발의 아내는 막무가내였습니다. 이제는 매일같이 요셉을 조릅니다. 그러자 요셉은 그 말을 듣지 않았을 뿐더러 아예 함께 있는 자리를 피했습니다.

"여인이 날마다 요셉에게 청하였으나 요셉이 듣지 아니하여 동침하지 아니할뿐더러 함께 있지도 아니하니라"(창 39:10)

요셉은 문제의 현장을 피했습니다. 어떤 일이 벌어질지 모르기 때문에 무조건 피했던 것입니다. 물론 요셉은 매일 하나님과 교제하면서 이 음탕한 여주인의 유혹으로부터 지켜달라고 간절히 기도했을 것입니다. 하지만 그것으로만 머무르지 않았습니다. 구체적으로 피하는 행동을 취했던 것입니다. 하지만 보디발의 아내도 만만치 않았습니다. 그녀는 결코 요셉을 포기하지 않았습니다. 하루는 요셉이 집 안으로 시무하러 오는 시간에 맞춰 모든 사람들을 밖으로 내보냈습니다.

"그러할 때에 요셉이 시무하러 그 집에 들어갔더니 그 집 사람은 하나도 거기 없었더라"(창 39:11)

보디발의 아내는 자신처럼 매력적인 여자를 요셉이 거부하는 이유는 그가 혹시 다른 사람에게 들킬지 모른다는 두려움 때문이라고 생각했던 것 같습니다. 그래서 집 안에 아무도 없게 한다면 요셉도 별 수 없이 넘어올 것이라고 생각했던 것입니다. 드디어 요셉이 집으로 들어왔습니다. 요셉을 본 보디발의 아내는 노출이 심한 옷을 입고 요셉을 유혹하기 시작했습니다. 온갖 교태를 부리며 요셉의 옷을 잡고 성관계를 맺을 것을 요구했습니다.
요셉은 집 안으로 들어왔을 때 아무도 없는 것이 이상했는데, 그건 바로 여주인의 계략이었던 것을 깨닫게 되었습니다. 그래

서 뒤도 돌아보지 않고 집 밖으로 뛰쳐나갔습니다. 보디발의 아내의 손에 옷이 잡혀 있었는데, 그것을 아예 벗어버리고 재빨리 피했던 것입니다. 그래서 요셉은 범죄의 유혹에서 벗어날 수 있었던 것입니다.

만약 당신이 이런 상황에 처한다면 어떻게 하겠습니까? "마님, 이러시면 안 됩니다. 보디발 주인님이 너무 바쁘셔서 마님께 소홀히 하신다고 해도 이러시면 안 되죠"라는 식으로 그녀에게 논리적이고 장황하게 설교할 겁니까? 그것이 지혜로운 방법일까요? 아닙니다. 만약 그렇게 설득하고 있는데 갑자기 그녀가 덮치면 어떻게 하겠습니까? 가장 지혜로운 방법은 무조건 피하는 것이라는 것을 꼭 명심하기 바랍니다.

뿐만 아니라 그런 사건이 일어날 만한 장소, 예를 들어 어두컴컴한 장소, 혼자 사는 원룸 등에 단 둘이 있는 것도 피해야 합니다. 자꾸 그런 밀폐된 공간에 있다 보면, 어느 순간 자신들도 모르게 한 이불에 있는 것을 발견하게 될 것입니다. 우리는 밀폐되고 어두운 공간에 있으면 하나님도 볼 수 없을 것이라고 생각합니다. 마치 요나가 하나님의 눈을 피할 수 있을 것이라고 생각하고 배 밑층에 숨었던 것처럼 말입니다. 그러나 하나님은 불꽃같은 눈으로 지켜보고 계십니다.

범죄는 순식간에 일어납니다. 다들 물어봅니다. 어떻게 하다가 그렇게 되었느냐고 말입니다. 거의 모든 사람이 "나도 모르게…"

라고 대답하며 말끝을 흐릴 것입니다. 정말 그렇습니다. 그리고 그때는 후회해도 소용이 없습니다.

또한 여자들은 특히 복장에 조심해야 합니다. 각고의 노력 끝에 얻어낸 예쁜 몸매를 드러내고 싶은 마음은 십분 이해합니다. 그리고 자신을 쳐다보는 남성들의 눈길이 싫지는 않을 것입니다. 하지만 노출이 심한 옷은 남자들로 하여금 성적 충동을 일으키게 한다는 것을 명심해야 합니다. 남자는 시각에 민감한 존재이고 그 시각을 자극하면 그들은 흥분합니다. 남자가 흥분하면 늑대가 되어 당신을 공격할 것입니다. 그러므로 애초부터 사건이 일어날 가능성을 피해야 합니다. 그것이 지혜로운 태도입니다.

3. 거절하라.

두 손을 맞대고 손뼉을 쳐야 소리가 납니다. 마찬가지로 성관계가 이루어지는 것 역시 양자 간의 합의가 있기 때문입니다. 따라서 어느 한 쪽이 호응을 해주지 않는다면 결코 범죄는 일어나지 않을 것입니다.

여자들은 대체적으로 자신의 순결을 지키려는 욕구가 강합니다. 그래서 쉽게 자신을 허락하지 않습니다. 여자들은 남자들이 성관계 맺기를 요구할 때 대체적으로 안 된다는 의사표시로 말을 하지 않거나 "안 돼요"라고 말합니다. 그런데 여기에서 주의

해야 할 것이 있습니다. 거절할 때에 지혜가 필요합니다.

남자들은 여자들이 대답을 안 한다거나, 정확하게 싫다는 말을 하지 않으면 해도 좋다는 의미로 받아드립니다. 그리고 남자들은 이렇게 농담을 합니다. "여자들이 '안돼요'라고 말해도 밀어붙여라. 그러면 '안돼요, 안돼요, 안돼요'가 '안돼요, 아안~돼요, 돼요, 돼요'라로 변한다"라고 말입니다. 거의 모든 영화들도 "밀어 붙이면 된다"라는 식으로 친절하게 가르쳐주고 있습니다.

거절할 때는 확실히 싫다고 말해야 합니다. 수줍은 듯이, 부끄럽다는 듯이 소극적으로 대처하는 것은 남자들을 더욱 흥분시키는 것이 됩니다. 그럴 때에는 정색을 하고 단호한 목소리로 거절하십시오. 그렇지 않으면 결코 뿌리칠 수 없을 것입니다. 그리고 만약 그렇게 함에도 불구하고 계속 요구한다면, 그 사람은 아마 여자를 사랑해서가 아니라 추악한 자신의 욕구를 채우기 위한 것일 겁니다. 그렇다면 더더욱 그런 사람과는 교제할 필요가 없는 것이죠. 어차피 자신의 욕망을 채우고 나면 암논이 다말을 버렸던 것처럼 여자를 헌신짝 버리듯 버릴 것입니다.

거절하는 것은 여자 쪽에서 좀 더 강하게 해줘야 합니다. 왜냐하면 남자들은 성적 충동이 여자보다 강하고, 쉽게 자제심을 잃기 때문입니다. 그 이유는 남성은 정액 생산과 기타 요인들로 인해 천성적으로 매 48~72시간 단위로 성적 해소를 원한다고 합니다. 성 담당 중추는 뇌의 일부분인 시상하부에 있는데, 이곳은

특히 테스토스테론 호르몬이 성욕을 자극하는 부위이며, 남자의 시상하부가 여자의 것보다 크고 또 남자가 여자보다 적게는 10배, 많게는 20배까지 테스토스테론을 분비하기 때문입니다. 이것이 바로 남자가 성욕이 강력한 이유이며, 이것 때문에 남자는 장소와 시간을 불문하고 성관계를 할 수 있는 것입니다. 그리고 그것은 강도가 약해질 뿐 죽을 때까지 없어지지 않습니다. 남자는 젓가락 들 힘이 없어질 때까지 그것을 포기하지 않습니다.

 대형교회를 시무한 적이 있는 한 원로 목사님이 젊은이들에게 순결에 대하여 가르칠 때 고백한 본인의 고백입니다. 그 목사님은 교단의 총회장까지 하셨고, 존경을 받는 목회자셨는데 암에 걸려 공기가 좋은 시골로 요양을 가게 되었답니다. 그런데 우연찮게 자신이 탄 기차 좌석 앞자리에 한 젊은 아가씨가 미니스커트를 입고 앉아있더라는 것입니다. 암에 걸려 곧 죽을지도 모르는 인생이 바로 자신인데 도착할 때까지 내내 그 아가씨의 다리로 시선이 가더라는 것입니다. 그러면서 혼자 속으로 이런 독백을 하셨다는군요.

 "아! 이 초라하고 곤고한 사람아! 암에 걸려 내일 죽을지 오늘 죽을지도 모르는 인생이 아직도 세상의 것에 눈을 주고 있구나."

 이 원로 목사님은 어느 누구도 죄에서 자유할 수 없다는 사실에 대하여 젊은이들에게 고백하면서 그것을 피하려면 오직 예수님의 긍휼밖에 없다고 가르쳤습니다. 하나님의 긍휼을 소망해야

합니다. 그렇지 않으면 젓가락 놓을 때까지 성적 충동에서 자유할 수 없을 것입니다.

물론 사랑의 감정에는 차이가 있습니다. 남자는 성관계를 통해 사랑을 느끼고, 여자는 만지고 대화하면서 친밀감을 얻습니다. 그래서 남자는 100번의 대화시간을 갖는 것보다 한 번의 성관계를 통해 사랑을 느끼려는 본능이 있습니다.

뿐만 아니라 남자들은 여러 세대에 걸쳐 "자신의 씨를 뿌려야 한다"는 사회적 요구를 받아왔습니다. 그리고 이러한 사회적 통념은 그것이 어떤 것이든지 남자의 성적 행위를 정당화시키는 효과를 낳았습니다. 반면 여자들은 성적으로 적극적 태도를 보여서는 안 된다는 사회적 억압을 받아왔던 것이 사실입니다. 그래서 최근 페미니즘 운동가들은 적극적으로 여자가 성을 추구해야 한다는 주장을 하기도 합니다. 성충동의 최고조가 되는 때가 다를 뿐(남자 19세, 여자 36~38세) 여자도 똑같이 성욕이 존재하고 있는데 그 성욕을 해소하는 것이 사회적 억압으로 규제되어서는 안 된다는 논리를 폅니다.

하지만 정말로 여자로서 자신의 존재를 아끼고 사랑한다면 욕구 해소가 목적이 되어서는 안 됩니다. 자신의 아름다운 인생을 위하여 자신의 성을 잘 다스리고 가꾸는 것이 필요합니다. 욕구 해소를 목적으로 산다면 인간은 동물과 다르지 않습니다. 요구받으셨습니까? 거절하십시오.

진정한 사랑

성경은 사랑이 오래 참는 것(고전 13:4)이라고 말합니다. 사랑은 오래 참는 것입니다. 참을 수 없는 성 충동이 일어난다 할지라도 참는 것입니다. 더 아름다운 사랑을 위해 참는 것입니다. 결혼예식을 치를 때까지 소중히 보호하면서 인내하는 것입니다. 특히 성적인 충동이 강한 남자들은 "사랑은 오래 참는 것"이라는 사실을 명심하고 절제하는 법을 배워야 할 것입니다.

남자들은 결코 너무 성급하게 진도를 나가려 해서는 안 됩니다. 여자는 사랑을 확신하기 위해서 더 많은 시간이 필요하기 때문입니다. 또한 이 사람과 헤어질 수 있음을 생각해야 합니다. 만약 자신의 여자 친구가 이미 다른 남자에 의해 순결을 잃은 상태라면 기분이 어떨 것 같습니까? 상대방의 순결을 지켜주는 것은 그 사람의 미래 배우자에 대한 기본적 예의임을 기억해야 합니다. 그리고 그 미래 배우자는 바로 당신인데 당신의 기분을 망치고 싶지는 않겠죠?

절제함으로 사랑하는 사람을 지켜줘야만 합니다. 여자는 보호받고 싶어 하며, 불안정한 환경에서 관계를 맺고 싶어 하지 않는다는 것을 알아야 합니다. 남자는 원래 그렇다는 말로 이해받기를 바라지 마십시오. 오래 참는 것, 그것이 사랑입니다.

그리고 사랑은 쟁취하기 위해 "무례히 행치 아니하는 것"(고전

13:5)입니다. 싫다고 했는데 억지로 상대방으로부터 얻으려고 하지 않는 것입니다. 그럼에도 불구하고 억지로 관계를 갖는다면 상대방에게는 몸뿐만이 아니라 마음에도 씻을 수 없는 상처가 남게 될 것입니다. 싫다고 말했으면 자신의 무례함에 대한 용서를 구하고 다시는 그런 행동을 하지 않도록 주의하는 것이 사랑입니다. 사랑은 사람으로 하여금 매너 있게 만듭니다.

성적 욕구를 충족시키는 것은 분명 자기의 유익을 구하는 것입니다. 특별히 성관계는 근본적으로 이타적이기보다는 이기적입니다. 상대방의 욕구보다는 나의 욕구에 초점이 맞춰져 있습니다. 나를 만족시키려 하는 것입니다. 모든 것의 초점이 나에게로 향하여져 있습니다. 하지만 진정한 사랑은 자기의 유익을 구하지 아니하는 것입니다. 자신의 유익을 위해 억지로 상대방의 소중한 것을 빼앗지 않는 것입니다.

생각해보십시오. 상대방이 자신의 요구를 거절했을 때 기분이 나쁠 것입니다. 하지만 그 분노의 근본적인 원인은 무엇 때문이었을까요? 자신의 이기적인 욕구가 충족되지 않았기 때문에 일어나는 것 아니던가요? 사랑은 자신의 욕망을 분출하는 수단으로서 상대방을 이용하지 않습니다. 상대방을 보호하기 위해서 자신의 욕망을 죽이는 것, 그것이 바로 사랑이며, 이런 태도에 상대방은 자신을 소중히 여긴다고 감사하게 되는 것입니다.

회복 그리고 특별한 기쁨

그렇다면 이미 혼전순결을 잃은 사람은 어떻게 해야 할까요? 그들은 용서 받을 수 없는 죄인일까요? 자매든, 형제든 찾아와서 "제가 순결을 잃었습니다. 어떻게 해야 할까요?"라고 묻는다면 엄마들은 머리채를 잡고 흔들며 "나가 죽어"를 외칠지 모릅니다. 하지만 혼전순결을 잃은 것 역시 용서의 대상임을 잊지 마십시오. 왜냐하면 예수 그리스도 안에서는 용서받지 못할 죄가 없기 때문입니다. 주님은 우리에게 이러한 용서와 자비의 메시지를 구할 때마다 주시는 분입니다.

* "내가 너를 속량하였으니 두려워하지 말라. 내가 너를 지명하여 불렀으니 너는 나의 것이다."(사 43:1)
* "너희의 죄가 주홍빛과 같다 하여도 눈과 같이 희어질 것이며, 진홍빛과 같이 붉어도 양털 같이 희리라."(사 1:18)
* "기운을 내라. 아들아, 네 죄가 용서함을 받았다."(마 9:2)
* "이제부터 다시는 죄를 짓지 말라."(요 8:11)
* "죄를 짓는 사람은 다 죄의 종이다."(요 8:34)
* "그러므로 아들이 너희를 자유롭게 하면, 너희는 참으로 자유롭게 될 것이다."(요 8:36)

하나님 앞에 철저히 회개하면 됩니다. 그러면 우리의 죄를 깨끗하게 하실 것입니다. 그리고 다시는 그와 같은 죄를 저지르지 않으면 됩니다. 예수님은 간음한 여인에게 "너를 정죄하는 자가 어디 있느냐? 나도 너를 정죄하지 아니하리라"고 하셨습니다. 그리고 그 말씀은 이 글을 읽는 당신에게도 해당됩니다.

하나님께 기도함으로, 죄의 현장을 피함으로, 죄의 요구를 거절함으로. 그리고 진정한 사랑을 실천함으로써 결혼 밖에서의 성적 범죄로부터 떠나십시오.

세상 사람들은 사랑함에 있어서 육체적 관계에만 몰두하는 경향이 있습니다. "사랑은 곧 섹스"라고 말합니다. 하지만 성숙한 사랑에는 정신적, 육체적, 의지적인 요소가 모두 포함되어 있어야 합니다.

억누를 수 없으면 결혼해야 합니다. 혼전순결은 중요합니다. 왜냐하면 혼전 성관계를 맺는 것은 명백한 범죄이며, 그 사람과 결혼할지 안할지는 아무도 모를 뿐만 아니라 결혼 전 꼭 해결해야 할 문제들을 못 보게 하고, 남자보다는 여자에게 큰 상처가 될 수 있기 때문입니다.

그리고 혼전 성관계에 대한 유혹을 피하려면 기도로써 주님의 도우심을 구하고, 서로를 이해하고 배려하면서 "시험에 빠질 수 있는 환경을 피하도록" 노력해야 합니다.

찰스 윌리엄즈는 "순종은 기쁨의 특별한 수단이다. 그리고 순

종은 그 특별한 기쁨의 유일한 수단이기도하다"라고 말했습니다. 혼전순결을 지키는 것이 쉽지는 않을 것입니다. 하지만 하나님이 혼전순결을 지키라고 하신 말씀에 순종한다면 하나님은 특별한 기쁨을 허락해 주실 것입니다. 더욱 만족한 결혼생활을 하게 될 것입니다. 혼전순결을 지킨 커플들의 결혼생활 만족도가 높다는 것도 그것을 증명해 주고 있습니다. 부디 혼전순결을 지킴으로써 하나님의 백성으로서의 거룩한 삶을 영위해 나가길 바랍니다.

"결혼은 놀라운 것이다. … 성공적인 결혼은 느닷없이 당신에게 다가오는 무엇인가가 아니다. 두 사람이 함께하는 행복한 삶을 직접 만드는 것이다."

-글렌 반 에케렌-

준비된 결혼은 아름답다

완벽한 배우자
혼수품
위험한 모험
복된 만남
결혼의 의미
가장 값진 혼수

완벽한 배우자

한 젊은이가 완벽한 결혼상대를 찾기 위해 온 세상을 돌아다녔습니다. 이 젊은이에게 불완전한 여성과의 결혼은 상상할 수도 없는 것이었습니다. 완벽한 여성을 만나 행복한 결혼생활을 하고 싶었습니다. 그러나 젊은이는 평생을 바쳐 완전한 여성을 찾아봤지만 결국 발견하지 못하고 늙은 육신을 끌고 고향으로 돌아왔습니다.

그때 한 친구가 물었습니다.

"자네는 완벽한 배우자를 찾느라 평생을 허비했군. 이제 자네의 나이도 70일세. 그동안 완벽한 여성을 한 번이라도 만나본

적이 있는가?"

그러자 이제는 노인이 되어버린 그가 말했습니다.

"완벽한 여성을 딱 한 번 만난 적이 있다네. 그런데 그 여자도 완벽한 남편감을 찾고 있더군. 결국 우리는 아무 일도 없었다네."

우리 주변에는 완벽한 배우자를 찾으려는 젊은이들이 많이 있습니다. 이런 조건, 저런 조건에 부합되는 배우자를 찾기 위하여 결혼도 뒤로 미루고 시간을 보내고 있습니다. 하지만 그것은 거의 불가능에 가까운 일입니다.

좋은 결혼 상대자는 나의 부족함을 메워주는 사람이 아니라 나의 부족함을 인내로 기다려주며, 늘 격려하여 완전하도록 돕는 사람입니다. 그것이 돕는 배필입니다.

혼수품

웨딩 플래너가 결혼을 준비하는 한 커플에게 물었습니다.

"결혼 준비는 다 하셨습니까?"

"네, 집은 마련했고요. 혼수도 하나씩 준비하고 있어요. 신혼여행은 몰디브로 4박 5일 계획하고 있습니다."

위와 같은 질문을 받게 되었을 때 당신이라면 어떻게 대답했을까요? 아마 당신의 대답도 앞의 커플과 크게 다르지는 않을 것입니다. 그런데 집과 혼수만 준비되면 과연 결혼 준비가 다 끝난 것이라고 생각합니까? 물론 이런 것도 중요한 것은 사실입니다. 당장 부딪치는 현실이기 때문입니다.

하지만 정말 중요한 준비는 결혼의 참 의미를 아는 것에서 시작해야합니다. 그리고 그것을 통해 평생 한 사람을 위해 헌신하겠다는 마음가짐을 갖는 것이 더 중요합니다. 그것이야 말로 '튼튼한 가정'을 꾸리기 위한 가장 기초적인 준비입니다. 만약 당신이 그런 부분에 대해 철저히 준비한다면 앞에서 언급되었던 집, 혼수 등의 어려움들은 별 문제가 되지 않을 것이라고 생각합니다. 뿐만 아니라 거의 모든 커플에게서 일어나고 있는 혼수 때문에 생기는 갈등도 상당 부분 완화되리라 생각합니다.

크리스천의 결혼 준비는 뭔가 달라도 달라야 합니다. 그리고 이렇게 준비된 결혼은 하나님이 보시기에도 참 아름다울 것이라 생각합니다. 하나님이 허락해 주신 소중한 선물인 결혼을 아름답게 만들 결혼 준비에 대하여 진지하게 접근해 봅시다. 혹시 당신이 결혼했다 해도 늦지 않습니다. 혼수를 물릴 수는 없겠지만 지금부터 준비하는 혼후 혼수에 대하여 준비할 수 있을 테니까요.

위험한 모험

신앙심이 돈독한 한 훌륭한 어머니가 있었습니다. 그리고 그 어머니에게는 아들이 하나 있었습니다. 그 아들이 자라 군에 입대하게 되었습니다. 어머니는 아들이 군에 입대하기 전날 밤 아들을 불러놓고 이렇게 말했습니다.

"애야, 군대란 참 위험한 곳이란다. 꼭 한 번 기도하고 나가도록 해라."

그 아들은 무사히 군 복무를 마치고 그 다음에는 항해를 하게 되었습니다. 그 어머니는 아들이 항해를 떠나기 전날 밤 다시 아들을 불러놓고 이렇게 말했습니다.

"애야, 바다란 너무 위험한 곳이란다. 꼭 두 번 기도하고 떠나거라."

그 아들은 무사히 항해를 마치고 돌아왔고 이번에는 결혼을 하게 되었습니다. 결혼하기 전날 밤 그 어머니는 다시 아들을 불러놓고 이렇게 당부했습니다.

"아들아! 결혼이란 군대보다, 바다보다 더 위험한 것이란다. 세 번 기도하고 하거라."

이 어머니의 말씀처럼 결혼은 중요한 것입니다. 그리고 위험한 모험입니다. 하지만 대부분의 사람은 결혼에 대해서 심각하게 생각하지 않습니다. 그래서 쉽게 결혼을 결정합니다. 만약 생각

하는 것만큼 결혼이 쉽다면 왜 그렇게 많은 커플들이 이혼을 하는 걸까요? 최근 보건복지부의 통계를 따르면 우리나라의 이혼 비율은 47.4%로 미국, 스웨덴에 이어 세계에서 세 번째로 이혼을 많이 하는 나라라고 합니다. 그리고 초혼에 실패한 사람은 재혼을 해도 이혼할 확률이 초혼보다 4배나 높습니다. 그리고 이혼한 사람들은 도저히 참을 수 없기 때문에 이혼했음에도 90%가 이혼을 후회한다고 합니다.

캘리포니아의 한 재미있는 여성은 남편을 팔겠다는 이색광고를 내어 화제가 되었습니다. 사냥과 골프 등 자기취미에 몰두하는 남편이 마음에 들지 않아 남편을 팔아버리겠다는 광고를 낸 것입니다. "남편을 염가에 양도함. 골프채 몇 개는 덤으로 드림." 이 여성은 광고를 낸 후 60여 통의 전화를 받았는데 남편을 구입하겠다는 전화는 단 한 통도 없었고 "남편이 살아있는 것을 감사하게 여기라"는 과부들의 전화와 "남편과 헤어진 뒤에 아이들을 양육하느라고 큰 고생을 겪었다"는 이혼녀들의 충고였다고 합니다.

철학자 키에르케고르는 후대에 이런 말을 남겼습니다.

"결혼을 하라. 그리하면 후회하리라. 결혼을 하지 말라. 역시 후회하리라. 결혼을 하든지 하지 않든지 어떻게 하든 그대는 후회하리라."

이처럼 해도 후회하고 안 해도 후회하는 결혼에 대해서 얼마만

큼 진지하게 생각해 보았으며, 또 그것을 위해 당신은 얼마만큼 기도하고 있습니까?

복된 만남

결혼은 꼭 해야 하는 것입니까? 그것은 하면 후회할 수밖에 없는 것입니까? 만약 당신이 감성주의에 빠진다면 그렇게 될 수 있습니다. 결혼은 감정적 대응으로 해결되는 것이 아닙니다. 결혼생활을 윤택하게 하는 요인 중 하나는 감성적 접근이겠지만 결혼을 결정하는 것은 감성보다는 이성이 앞서야 합니다. 결혼을 해야 하는 타당한 이유를 분명하게 알고, 확신을 가져야 후회하지 않습니다. 우리는 그 확신을 성경에서 발견할 수 있습니다.

"아내를 얻은 자는 여호와께 복을 얻고 은총을 받은 자니라" (잠 18:22)

이 말씀은 하나님이 결혼을 축복하신다는 의미로 받아드릴 수 있습니다. 하나님은 분명 그들의 백성이 한 가정을 이루고 그 안에서 행복을 누리기 원하신다는 것입니다. 뿐만 아니라 결혼 안에서 이루어지는 한 남자와 한 여자의 하나 됨 안에는 그리스도

와 우리의 관계에 관한 신비가 담겨져 있습니다.

"이러므로 사람이 부모를 떠나 그 아내와 합하여 그 둘이 한 육체가 될지니 이 비밀이 크도다"(엡 5:31~32)

결혼 안에서의 하나 됨을 통해 그리스도와의 하나 됨의 비밀을 알기 원하시는 것입니다. 그리고 하나님은 결혼을 통해 한 아내를 즐거워하고, 그 안에서 충만한 사랑을 누리기를 원하고 계십니다. 아내의 품을 항상 족하게 여기며, 그 사랑을 항상 그리워하라고 말씀하고 있습니다.

"네 샘으로 복되게 하라 네가 젊어서 취한 아내를 즐거워하라 그는 사랑스러운 암사슴 같고 아름다운 암노루 같으니 너는 그 품을 항상 족하게 여기며 그 사랑을 항상 연모하라"(잠 5:18)

찰스 디킨즈는 결혼을 앞 둔 아들에게 이렇게 말했습니다. "아들아! 네가 결혼한 성인이 되었을 때, 지금은 네가 이해하지 못하는 많은 좋은 것들을 이해하게 될 것이다. 결혼은 그렇게 작은 것에서 많은 것을 배울 수 있는 경험할 가치가 있는 것이란다."

결혼은 분명한 축복입니다. 하나님은 결혼을 통해 우리에게 많은 축복을 내려주십니다. 하지만 그것은 누구나 누릴 수 있는 것

은 아닙니다. 결혼에 대해서 심각하게 고민하고, 기도한 사람, 그리고 결혼의 의미에 대해 잘 배우고, 또 준비한 사람일수록 그 축복을 누릴 수 있는 가능성은 커집니다.

당신은 결혼에 대해서 어떤 생각을 가지고 있습니까? 그리고 결혼을 하게 될 때 당신이 가장 중요하다고 생각하는 것은 무엇입니까? 아마 당신은 결혼에 대해 여러 가지의 생각을 가질 수 있을 것입니다. 인생을 살았던 지혜자들의 조언도 접할 수 있습니다. 그러나 그 어떤 경험보다, 그 어떤 지혜자보다 탁월한 조언은 바로 성경에 기록된 하나님의 말씀입니다. 하나님의 말씀에 순종하고, 그 말씀대로 행한다면 결혼을 통하여 세상에서 얻을 수 없는 행복을 경험하게 될 것입니다.

결혼의 의미

결혼에는 세 가지 의미가 담겨져 있습니다. 첫 번째는 떠나는 것입니다. 부모 곁을 떠나 자신의 가정을 이루는 것입니다. 두 번째는 부모를 떠난 상태에서 배우자와 연합하는 것입니다. 우리의 부모가 그랬던 것처럼 연합하여 하나가 되는 것입니다. 1+1=1을 만드는 공식을 시작하는 것입니다. 세 번째는 한 몸을 이루는 것입니다. 배우자와 영적으로, 육체적으로 한 몸을 이

루어 1+1=1 공식을 완성해야 그것이 완전한 결혼이 되는 것입니다.

1. 떠나라.

우선 결혼을 하려면 떠나야 합니다. 떠난 사람만이 결혼을 할 자격이 있습니다. 그것은 결혼을 성립시키기 위해 반드시 이루어져야 할 공적, 법적인 행동을 표시하는 것입니다. 그리고 부모나 시댁, 처가 등에 기대는 마음을 떨쳐버린다는 의미입니다.

한 남자와 한 여자가 만나 사랑을 합니다. 그런데 많은 사람이 그 두 사람의 결혼을 반대합니다. 그래서 그 둘은 자신들을 아는 사람이 아무도 없는 곳으로 떠납니다. 길을 가다가 한 교회를 발견합니다. 그리고 그 교회의 목사님께 찾아가서 자신들의 주례를 서 줄 것을 요청합니다. 그래서 그 둘은 목사님의 주례로 둘만의 결혼식을 올립니다. 두 사람은 비록 목사님 한 분이긴 하지만 축하를 받은 후 교회 문을 열고 나가 결혼생활을 시작합니다.

이런 비슷한 장면을 영화 속에서 한두 번쯤은 보았을 것입니다. 그런데 왜 그 두 사람은 목사님의 주례를 받았을까요? 그냥 두 사람이 "우린 결혼 했어"라고 인정하고 살면 될 것을 굳이 다른 사람 앞에서 식을 올리는 공식적인 예식을 영화에서는 보여줬던 것일까요? 그리고 과연 우리들이 치르는 결혼예식에는 어떤 의미가 담겨져 있는 걸까요?

우선 결혼은 결혼하는 두 사람만의 문제가 아니라는 것입니다. 아버지와 어머니는 가족을 대표하며, 그들은 국가와 사회의 일원입니다. 결혼을 함으로써 그러한 책임을 갖게 되는 것입니다. 결혼은 사적인 것이 결코 아니며, 따라서 결혼식이 없는 결혼은 없기에 큰 잔치를 베풀어 축하해야 할 필요가 있는 것입니다.

뿐만 아니라 결혼예식은 많은 사람들 앞에서 부모로부터 떠남을 공식적으로 선포하는 것입니다. 결혼은 행복을 위해 치러야 하는 대가입니다. 탯줄이 끊어지지 않은 갓난아이는 한 생명체로 성장할 수 없는 것처럼 결혼도 그 부모를 떠나지 않는 한, 곧 그 가족으로부터 분명하게 분리되지 않는 한 자랄 수 없고 발전할 수도 없습니다. 그래서 떠나야만 합니다.

부모로부터 완전한 분리가 이루어지지 않았을 때는 심각한 문제들이 발생할 가능성이 있습니다. 그 중 단연 으뜸으로는 양가로부터 계속 간섭을 받을 가능성이 큽니다. 떠나지 않으면 부모들은 자꾸만 자녀들의 문제에 간섭하게 될 것입니다. 당사자들 역시 자신들 스스로 문제를 해결하고, 삶을 꾸려나가려 하기보다는 자꾸만 부모들에게 기대려고 합니다.

결혼생활을 하다보면 다툴 수도 있습니다. 하지만 부부 사이에 발생한 문제는 그 둘 사이에서 해결해야 합니다. 싸웠다고 해서 툭 하면 짐을 싸서 친정으로 가면 안 됩니다. 그런 행동은 남편의 권위와 신뢰에 상처를 줍니다. 뿐만 아니라 결코 문제의 원인

을 근본적으로 해결할 수 없습니다.

또한 이런 경우도 생길 수 있습니다. 부모가 간섭하다 보면 상식적으로 틀린 것을 억지로 요구하는 경우도 있다는 것입니다. 그런데 그것을 자존심의 문제로 생각하고, 갑자기 없던 효심을 발휘하며 자신의 부모를 옹호하는 경우 심각한 문제를 야기할 수 있습니다. 우선은 배우자의 편을 들어줘야 합니다. 그래야 가정의 평화를 깨뜨리지 않을 수 있습니다. 떠난다는 서약의 의미는 필요하다면 부모님 편이 아니라 배우자의 편을 들 자세가 되어 있어야 한다는 의미이기 때문입니다. 만약 한 사람이 계속 자신의 부모 편을 들면서 배우자에게 맞서면 결혼생활은 위기가 올 수 있습니다.

따라서 부모는 결혼한 자식들의 일에 간섭을 해서는 안 되고, 자식들 역시 결혼을 했다면 결코 부모에게 의존해서도 안 됩니다. 두 사람 사이에서 생기는 모든 문제는 그 둘 안에서 해결하도록 노력해야만 합니다. 그러므로 결혼의 첫 번째 의미는 '떠나는 것' 입니다.

2. 연합하라.

하나님은 결혼을 통해 연합하기를 원하십니다. 사실 떠난다는 것과 연합한다는 것은 같은 의미입니다. 차이가 있다면 떠나는 것은 공적이고 법률적이고, 연합한다는 것은 개인적인 면입니

다. 떠나지 않으면 연합할 수 없습니다. 그리고 연합하기로 결심하지 않으면 실제로 떠날 수 없습니다.

히브리어에서 "연합한다"는 말은 어떤 한 사람에게 "(풀처럼) 달라붙다", "교착되다"는 뜻입니다. 끊으려 해도 끊을 수 없는 지속적인 관계를 의미하며, 그것은 한 사람에게 평생을 바친다는 서약을 하는 것을 의미합니다.

또한 "연합한다"는 것은 사랑한다는 것을 뜻합니다. 그리고 그것은 특별한 종류의 사랑을 의미합니다. 연합하는 사랑은 완숙한 사랑, 한 사람에게만 충실하게 남아 있기로 결정하고 이 한 사람과 그의 전 생애를 나누기를 결정한 사랑입니다.

D. H. 로렌스는 「서한집(書翰集)」에서 "이 세상을 살아가는 데 가장 중요한 것은 솔직한 육체와 정신을 가지고서 완전히 그리고 맹목적으로 당신의 아내를 사랑하는 것입니다"라고 말했습니다. 하나님은 결혼을 통해 연합하기를 원하시며, 그 연합을 통해 완전한 하나 됨을 이루기를 바라십니다. 따라서 결혼한 사람은 평생을 한 사람에게 바쳐야할 책임을 가지고 있습니다.

한 남자와 한 여자는 사람들의 축복을 받으며 교회에서 간소한 결혼식을 올렸습니다. 그리고 어느새 3년이라는 세월이 흘렀습니다. 그런데 그들에게 너무도 큰 불행이 찾아왔습니다. 그것은 그들이 살던 자그마한 집에 그만 불이 났던 것입니다. 그리고 그 불로 아내는 실명을 하고 말았습니다.

147 • 매력남녀

두 사람이 만들어갈 수많은 추억들을 더 이상 아내가 볼 수 없기에 그 후로 남편은 늘 아내의 곁에 있었습니다. 아내는 앞을 볼 수 없기 때문에 혼자 몸을 움직이는 것조차 쉽지가 않았습니다. 그래서 남편은 곁에서 아내를 도와주었습니다. 처음엔 아내가 짜증도 부리고 화도 내었지만 남편은 묵묵히 그 모든 것을 받아 주었습니다.

"늘 그것이 미안해서, 당신을 그 불 속에서 구해내지 못한 것이, 그리고 그 아름다운 눈을 잃게 만든 것이…"

많은 시간이 흘러 아내는 남편의 도움이 없이도 주위를 돌아다닐 수 있게 되었습니다. 그리고 그제야 아내는 남편의 사랑을 이해할 수 있었습니다. 자신을 위해 모든 것을 바쳐서 하나 남은 세상의 목발이 되어주고 있음을 알게 된 겁니다. 아내는 다시는 화를 내거나 짜증을 부리지 않았습니다. 그렇게 둘은 아무 말 없이 저녁노을에 한 풍경이 되어도 좋을 나이가 되었습니다.

아름답던 아내의 얼굴에도, 남편의 따뜻했던 손에도 세월의 나이테들이 생겨났습니다. 남편은 아내의 머리에 난 하얀 머리카락을 보며 "이제 겨우 7월인데 당신 머리엔 하얀 눈이 내렸군"이라고 말하며 놀리곤 했습니다.

어느 날 아내는 남편에게 이런 말을 합니다. "이제 왠지 마지막으로 이 세상을 한 번 보고 싶어요. 벌써 세상의 빛을 잃은 지 수십 년이 되었지만 마지막으로 당신의 얼굴이 보고 싶군요. 난

아직도 기억해요. 당신의 그 맑은 미소를… 그게 내가 본 당신의 마지막 모습이었으니까요."

남편은 아무 말도 하지 않았습니다. 아내가 세상을 볼 수 있는 마지막 길은 누군가의 눈을 이식받는 것뿐이었기 때문입니다. 그러나 아무도 이제 살아갈 날이 얼마 남지 않은 아내에게 각막을 이식해 주려고 하지 않았습니다.

아내는 그것이 자신의 마지막 소원이었지만 그다지 신경을 쓰지는 않았습니다. 하지만 남편은 마음속으로 많은 생각을 했습니다. "당신의 모습을 한 번이라도 더 보고 싶어요"라는 아내의 음성이 계속 귓가에 맴돌았습니다.

세월은 이제 그들에게 그만 돌아오라고 했습니다. 그리고 그 메시지를 받은 사람은 남편이었습니다. 혼자 남은 아내는 무척 슬퍼했습니다. 자신이 세상의 빛을 잃었을 때보다도 더 슬펐습니다.

남편은 아내에게 마지막으로 선물을 남겨주고 떠나기로 했습니다. 그것은 자신의 각막이었습니다. 비록 자신의 눈도 이젠 너무나 희미하게 보이지만 아내에게 세상의 모습을 마지막으로 보여주고 싶었던 것입니다.

남편은 먼저 하늘로 가고 아내는 남편의 유언에 따라 남편의 각막을 이식 받게 되었습니다. 그녀가 처음으로 눈을 떴을 때 주위에는 아무도 없었습니다. 늘 곁에 있던 남편의 그림자조차 말

입니다. 병원 침대에서 내려와 환하게 밝혀진 거리의 모습과 도심의 전경을 보면서 아내는 남편의 편지 한 통을 발견하게 되었습니다.

"당신에게 훨씬 전에 이 세상의 모습을 찾아줄 수도 있었는데, 아직 우리가 세월의 급류를 타기 전에 당신에게 각막 이식을 할 기회가 있었지. 하지만 난 많이 겁이 났다오. 늘 당신은 내게 말했었지. 나의 마지막 모습에 대해서 기억한다고. 마지막으로 봤던 내 환한 미소에 대해서 말이오. 하지만 그걸 아오? 난 내 얼굴을 잃었다오. 환한 웃음은커녕 미소조차 지을 수 없게 화상으로 흉측하게 변해버린 내 모습을 당신에게 보여주고 싶지 않았소. 그러나 이제 나는 떠나오. 비록 당신에게 나의 미소는 보여주진 못하지만 늘 그 모습을 기억하며 살길 바라오. 그리고 내 마지막 선물로 당신이 환하게 세상을 마지막으로 보기를 바라오."

아내는 남편이 들을 수는 없었지만 속삭였습니다.

"난 이미 알고 있었어요. 당신의 얼굴이 화상으로 흉측하게 변해버렸다는 것을, 그리고 그 화상으로 인해 예전에 나에게 보여주던 그 미소를 다시는 지어줄 수 없다는 것도, 곁에서 잠을 자는 당신의 얼굴을 더듬어 보고 알았어요. 하지만 난 아무런 말도 하지 않았어요. 내가 당신의 미소를 간직하기 바란다는 것을 알고 있었기 때문이에요. 당신이 미안해 할 필요는 없어요. 나는

당신의 마음을 이해하니까 말이에요. 참 좋군요. 당신의 눈으로 보는 이 세상이…."

며칠 뒤 아내도 남편의 그 환했던 미소를 쫓아 하늘로 되돌아갔습니다.

현대인들은 이혼을 너무 쉽게 생각합니다. 한 사람을 향해 변함없는 사랑을 하는 사람은 그리 많아 보이지 않습니다. 그럼에도 불구하고 사람들은 영원한 사랑을 그리워하고 있습니다. 왜냐하면 영화나 노래 등에서 영원한 사랑, 그리고 사랑하는 연인을 위해 목숨을 바치는 아름다운 이야기는 단골 주제이며, 많은 이들이 감동받고 있기 때문입니다.

하나님은 결혼을 통해 그런 사랑을 나눌 것을 우리에게 요구하고 계십니다. "끊을 수 없는 강력한 연합", 실명한 아내를 위해 평생을 바쳤던 그 남편처럼 한 아내에게 평생을 바치겠다는 서약을 결혼을 통해 이루기를 원하는 것입니다. 당신의 변치 않는 사랑을 결혼을 통해 맹세하기 바랍니다. 그러면 당신도 아름다운 사랑 이야기의 주인공이 될 것입니다.

3. 한 몸을 이루라.

마지막으로 하나님은 결혼을 통해 한 몸을 이루길 원하십니다. 그것은 육체적(성적) 결합을 의미하며, 결혼에 필수적이고, 결혼을 완성하는 행위일 뿐 아니라 결혼에 대한 하나님의 뜻입니다.

그리고 육적인 하나 됨을 의미하며, 하나님은 그것을 통해 영적인 하나 됨까지 나아가길 원하십니다.

당신은 혹시 성에 대해서 어떻게 생각합니까? 그것은 더러운 것일까요? 「For Lovers Only」라는 책에서 저자는 이렇게 말합니다.

"멋진 성교를 경험해 본 사람이라면 다음과 같은 사실을 즉각적으로 깨닫게 될 것이다. 성이란 우연히 발생한 것이라고 하기에는 너무나 좋은 것이라고, 이토록 절묘한 것은 질서정연한 우연의 결과로 생긴 것이 아니라 틀림없이 사랑하는 마음으로, 지혜로운 마음으로, 창조적으로 고안되었을 것이다."

맞습니다. 성은 하나님이 창조하신 아름다운 선물입니다. 그리고 성에 대한 추구는 하나님이 창조하신 것이기 때문에 결코 더러운 것이 아니라는 것을 명심해야 합니다. 하나님은 성을 거룩하고도 자연적인 것으로 보셨습니다.

따라서 성욕의 존재 자체가 죄가 아니라 그런 욕구를 처리하는 방법이 그것을 죄로 만들 수 있는 것입니다. 그리고 만약 결혼을 억제한다면, 오히려 그것이 그들로 하여금 죄에 빠지게 할 가능성이 많습니다. 그래서 성경은 만약 성욕이 불타오름으로 인해 죄를 저지를 가능성을 있다면 결혼을 하라고 말씀하신 것입니다 (고전 7:9).

또한 남편과 아내는 음란을 예방하기 위해 분리되어 있어서는

결코 안 된다고도 경고했습니다.

"서로 분방하지 말라 다만 기도할 틈을 얻기 위하여 합의 상얼마 동안은 하되 다시 합하라 이는 너희의 절제 못함을 인하여 사단으로 너희를 시험하지 못하게 하려 함이라"(고전 7:5)

이런 이유로 하나님은 결혼을 정하시고 남편과 아내가 함께 거하며, 오직 그 두 사람 안에서만 성관계를 충만히 누리도록 정하신 것입니다.

"너는 네 우물에서 물을 마시며 네 샘에서 흐르는 물을 마시라 어찌하여 네 샘물을 집 밖으로 넘치게 하겠으며 네 도랑물을 거리로 흘러가게 하겠느냐 그 물로 네게만 있게 하고 타인으로 더불어 그것을 나누지 말라 네 샘으로 복되게 하라 네가 젊어서 취한 아내를 즐거워하라"(잠 5:15~18)

성을 통해서 우리는 생명을 창조하게 됩니다. 만약 성이 없다면 우리는 태어나지도 못했을 것입니다. 성이라는 선물을 받음으로써 우리는 사랑을 통해 자녀를 잉태할 수 있는 능력을 부여받게 된 것이며, 하나님의 창조 사역에 동참하게 된 것입니다. 그리고 성은 남편과 아내가 친밀한 하나 됨과 그 안에서 즐거움

을 누리도록 주신 선물입니다. 뿐만 아니라 스트레스나 슬픔이 있을 때 서로를 위로해 주는 수단으로써 유익합니다. 따라서 우리는 합법적인 결혼 안에서 충만히 성을 누릴 필요가 있는 것입니다.

사실 "한 몸을 이루라"는 것은 두 사람이 그들의 몸이나 물질적 소유물뿐만 아니라 그들이 가지고 있는 모든 것들 사랑, 감정, 즐거움과 고뇌, 소망과 두려움, 성공과 실패까지도 함께 나누는 것을 내포하고 있습니다. 그것은 두 사람의 몸과 영혼이 완전히 하나가 되면서도 계속 다른 두 사람으로 남아있는 것입니다. 그리고 두 개의 반쪽이 하나를 만드는 것이 아니라 온전한 두 사람이 완전히 새로운 하나를 만드는 것입니다. 그리고 잊지 말아야 할 것은 떠난 사람이, 그리고 오로지 서로에게 연합한 사람만이 한 몸이 될 수 있는 자격이 있습니다.

가장 값진 혼수

글렌 반 에케렌은 「너와 나누고 싶은 이야기가 있다」에서 "결혼은 놀라운 것이다. 배우자를 사랑하는 것은 그 사람과 미친 듯이 사랑하고 싶다고 생각하는 데에서 시작된다. 성공적인 결혼은 느닷없이 당신에게 다가오는 무엇인가가 아니다. 두 사람이

함께하는 행복한 삶을 직접 만드는 것이다"라고 말했습니다.

결혼은 만들어가는 것입니다. 처음부터 완벽한 결혼생활이란 없습니다. 제이슨 커가 "결혼하는 것은 오랫동안 갖고 싶어 하는 것을 사는 것과 같다. 집으로 가져올 때는 매우 마음에 들지만, 그것이 집에 있는 것들과 항상 잘 어울리는 것은 아니다"라고 말했듯이 처음에는 잘 맞지 않는 것들이 많을 것입니다. 중요한 것은 만들어 가는 것입니다. 서로 함께 노력하면서 결혼생활을 아름답게 가꾸어 가야 합니다.

결혼의 자격 중에서 가장 중요한 것은 "내가 그 사람을 위해 죽을 수 있는 것인가"라는 질문에 "예"라고 대답하는 것입니다. 한 사람을 위해 죽을 수 있는 사람이야 말로 가장 철저한 결혼준비가 되어 있는 사람입니다. 그리고 그것이야 말로 가장 값진 혼수입니다.

결혼은 떠나는 것입니다. 결혼은 연합하는 것입니다. 결혼은 한 몸을 이루는 것입니다. 혼수를 준비하느라 바쁘게 움직이기에 앞서 결혼의 의미를 가슴깊이 되새기고 과연 나는 그럴 준비가 되어 있는지 확인해보기 바랍니다.

사랑과 결혼을 통해 인간은 완성되어져 갑니다. 성숙되어져 갑니다.
그것은 서로의 부족한 점이 상대방으로 인해 채워지고,
그 과정 속에 자신을 희생하고 버리는 아픔이 수반되기 때문입니다.

말을 안 듣는 남자
지도를 못보는 여자

남자와 여자는 다르다
결혼은 현실이다
주님의 명령
지혜로운 남편
사랑은 표현하는 것
들으면 살리라
서로를 이해하기 위하여
사랑에는 매뉴얼이 없다

남자와 여자는 다르다

　남자와 여자, 얼마나 다를까요? 무엇이 다를까요? 다른 부분에 대한 이해는 어떻습니까? 남자와 여자가 얼마나 다른지, 어떻게 다른지를 아는 것은 결혼 이후의 삶의 유지 능력의 동력이 됩니다. 왜냐하면 결혼 이후는 그 이전에 중요한 가치였던 외적 요건들이 한 단계씩 뒤로 밀리고 상대방의 가치관이나 생활 습성, 성격 등이 전면에 등장하기 때문입니다. 결혼한 이후에 남편이나 아내의 얼굴이나 몸매가 마음에 들지 않아 이혼하는 것은 거의 찾아보기 힘듭니다. 그러나 너무 예쁜 아내, 너무나 멋진 남편과 살아도 성격과 가치관이 맞지 않으면 쉽게 이혼하게 됩

니다. 이러한 비극은 서로가 서로를 이해하지 못했기 때문에 오는 결과이고, 그러한 오해는 서로에 대하여 모르기 때문입니다. 남자와 여자의 차이를 단지 생식기의 차이 정도로 생각했다면 이성을 만났을 때 발생하게 될 갈등을 해결할 능력이 없다고 단정할 수밖에 없습니다.

 실례로 서울가정지방법원에서 2006년에 신청된 2,058건의 이혼신청 사례 중 이혼사유를 조사한 결과, 외모나 몸매가 이혼 사유라고 응답한 것은 찾아 볼 수 없습니다. 가장 많은 이혼 사유가 성격 차이로 서로에 대한 이해가 없을 때 발생하는 것으로 조사되고 있습니다. 특히 혼인 기간별 이혼신청 건수를 보면 20년 이상 결혼생활을 유지해 오던 이들이 이혼한 경우가 45%나 되는데 이는 성격이 부부관계를 유지 하지 못하게 하는 큰 원인이라는 결정적 증거가 됩니다.

 워싱턴대학교의 존 고트맨 교수는 대수롭지 않은 갈등이라도 그것이 지속되면 결국 파국을 만든다고 말합니다. 따라서 남녀의 차이를 아는 것이 관계의 지속성에 중요한 요인이라 할 수 있습니다. 아래에 언급된 남녀의 차이를 한 번 유의하여 살펴보십시오. 공감할 것입니다. 그리고 여자에 대하여, 남자에 대하여 더 이해하십시오. 당신의 관계가 이전보다 나아질 뿐 아니라 배려하는 사람이라는 칭찬을 듣게 될 것입니다.

남녀의 차이

여자가 심리학의 원서라면 남자는 서툰 번역자이다.

여자의 사랑은 환상적이고 남자의 사랑은 충동적이다.

여자는 몰라도 되는 일을 너무 많이 알고 남자는 꼭 알아두어야 할 일을 너무 모른다.

여자는 본능으로 남자를 알고 남자는 경험으로 여자를 안다.

여자는 과거에 의지해서 살고 남자는 미래에 이끌려 산다.

여자는 현미경으로, 남자는 망원경으로 보아야 알 수 있다.

여자는 용서하고 남자는 포용한다.

여자는 무드에 약하고 남자는 누드에 약하다.

여자는 마음에 떠오른 말을, 남자는 마음에 먹은 말을 한다.

여자는 사랑의 질을, 남자는 사랑의 양을 원한다.

여자는 아는 것도 모르는 채 하고 남자는 모르는 것도 아는 채 한다.

여자는 모성으로 수용하고 남자는 유아성으로 망각한다.

H. 놀만 라이트는 그의 책 「풍성한 결혼생활」에서 이렇게 말합니다.

"모든 결혼은 그 자신의 독특한 무늬를 가지고 있는 한 쌍의 지문과 같다. 각 배우자는 다른 사람에게 영향이나 압박을 줄지

도 모르는 생각과 선호를 가지고 시작한다. 어떤 의견을 갖는 것이나 어떤 것을 믿는 것은 우리 모두에게 자연스러운 일이다. 그러나 우리의 개인적 견해가 옳지 않을 수도 있고, 다른 견해도 있을 수 있으므로 우리는 융통성을 가질 필요가 있다. 우리는 화가 치밀 정도로 대조적으로 보이는 견해의 차이가 궁극적으로는 오히려 자신이 될 수도 있다는 점을 이해할 정도로까지 서로의 차이점을 받아드려야 한다."

특히 크리스천의 결혼은 예수 그리스도와 서로서로에 대한 두 사람의 전체적인 공약임을 알아야 합니다. 그것은 어떠한 후퇴도 있을 수 없는 것입니다. 결혼은 상호 충성의 서약이고 상호 복종의 합작으로 만들어진 결과입니다. 따라서 크리스천의 결혼은 용액과 같아서 서로 다른 남자와 여자가 녹아서 하나가 되고 하나님의 의도한 바대로 이전과는 완전히 다른 산물이 되는 것입니다. 결론적으로 결혼은 하나님이 우리를 그가 원하는 남자와 여자가 되도록 사용하실 정제의 과정인 것입니다. 남자와 여자는 분명 다르고 그 다름을 어떻게 다루느냐가 결혼생활의 성패를 결정하게 된다는 것을 명심하십시오.

결혼은 현실이다

일생에서 가장 아름답고 행복한 순간은 언제일까요? 아마 가장 기대되고 가슴 떨릴 때는 결혼을 하는 순간일 겁니다. 한 남자와 한 여자가 만나서 사랑에 빠진 후 드디어 많은 사람 앞에서 서로를 평생의 반려자로 맞아들이는 순간이 가장 짜릿한 것 같습니다. 그리고 모든 커플들은 그때의 달콤함이 언제까지나 지속되기를 바라고 또 그렇게 될 것을 믿고 싶어 합니다. 하지만 그 꿈은 얼마 안 되어 깨진다는 것을 발견할 것입니다. 왜냐하면 결혼은 현실이기 때문입니다.

남녀 간에는 완연한 차이가 존재합니다. 성적인 차이는 당연한 것이고, 서로가 자라 온 환경이 다르기 때문에 많이 다를 수밖에 없습니다. 그리고 그 차이만큼이나 많은 갈등이 발생합니다. 물론 그 차이들은 과거에도 존재하는 것들이었습니다. 다만 서로의 눈에 콩깍지가 씌워졌었기 때문에 보이지 않았을 뿐이고, 결혼생활이 현실로 다가오면서 점점 그것들이 크게 보이게 되는 것뿐입니다.

그러면 어떻게 하면 서로의 차이를 극복하고 하나님 안에서 행복한 가정을 이뤄나갈 수 있을까요? 어떻게 해야 상처받지 않고 지혜롭게 이 상황을 이겨나갈 수 있을까요?

주님의 명령

베드로전서 3장 7절에는 남편들을 향해 이렇게 명령하셨습니다.

"남편 된 자들아 이와 같이 지식을 따라 너희 아내와 동거하고 저는 더 연약한 그릇이요 또 생명의 은혜를 유업으로 함께 받을 자로 알아 귀히 여기라 이는 너희 기도가 막히지 아니하게 하려 함이라"(벧전 3:7)

주님은 첫째, 여성을 여성으로서의 독특한 필요를 이해할 것(지식을 따라), 둘째, 아내를 배려하며 살아갈 것, 아내를 존중함으로 대할 것(연약한 그릇이요), 셋째, 아내는 생명의 은혜, 즉 구원을 유업으로 함께 받을 자임을 기억할 것(생명의 은혜를 유업으로 함께 받을 자로 알아)을 명령하셨습니다.

그리고 그 이유로는 기도가 막히지 않게 하기 위해서라고 하셨습니다. 가정의 행복, 즉 남편과 아내 사이의 화목은 순조로운 영적생활의 기초임을 강조하신 것입니다. 만약 남편들이 이런 방식으로 자신들의 아내를 진실하게 사랑한다면, 그들의 결혼생활과 가정생활은 행복하게 될 것입니다.

1. 지식을 따라 동거하라.

"지식을 따라 동거하라"는 의미는 하나님이 결혼을 제정하신 원 목적에 대한 종교적 지혜를 깨닫고 아내를 맞아야 한다는 의미입니다. 또한 그것은 여자의 독특한 특성을 잘 알고, 그러한 아내의 요구를 잘 들어주어야 한다는 의미이기도 합니다.

당신은 과연 남녀의 차이에 관해 얼마나 알고 있습니까? R. M. 릴케는 "가장 가까운 사람들 간에도 무수한 차이점이 있다는 것을 깨닫는다면 황홀한 삶이 전개될 것이다. 만일 상호 간의 차이와 거리를 사랑할 수 있다면 당신은 상대방의 전부를 바라볼 수 있을 것이다"라고 말했습니다. 먼저 우리는 상대방의 성을 이해하고, 그 특징들에 대해 공부해야만 합니다.

존 고트맨은 서로 간의 차이로 인해 발생할 수 있는 '연대 전쟁'을 방지하기 위한 방법으로 다음과 같이 충고합니다.

남자들이여!
여자의 모든 불평을 공격으로 받아들이지 말라. 여자의 감정에 관심을 기울이라. 즉각적인 해결책을 제시하는 것을 자제하라. 여자가 원하는 것은 자기감정을 이해받는 것이다. 적극적으로 이야기를 들어주라.

여자들이여!

남자에 대한 분노와 불평의 목소리를 낮춰라. 모욕으로 들리지 않도록 짧고 구체적으로 불평을 말하라. 논쟁 중 남자가 자신의 요구를 들어주지 않는다고 느껴지면 그의 사려 깊었던 행동을 떠올려 보라. 상대에 대한 애정이란 큰 맥락에서 불평을 표현하라.

부부여!
자신을 가라앉히는 방법을 익히라. 그래야 감정이 고조됐을 때도 정확히 판단할 수 있다. 논쟁이 지나치게 뜨거워지면 20분 동안 쉬어라. 낙관적으로 상대를 보라. 상대에 대한 부정적 고정관념은 대화를 봉쇄한다. 대화의 본질을 파악하라. 즉각적인 반박은 참으라. 상대에게 보이는 부정적인 감정은 자신에게 주목해 달라는 호소다. 자신의 잘못을 인정하라. 상대에게 감사를 표현하라.

우리는 대학에 들어가기 위해, 취직을 하기 위해 정말 많은 시간과 노력을 투자하며 공부합니다. 그런데 정작 인생에서 가장 중요한 결혼생활을 위해서는 공부하지 않습니다. 하지만 하나님은 분명 "지식을 따라" 동거하라고 명령하셨음을 잊지 말아야 합니다. 지식을 쌓으십시오. 그리고 그것을 당신의 결혼생활에 토양으로 삼으십시오. 그러면 당신의 결혼생활은 보다 윤택하게 될 것입니다.

2. 여자는 연약하다.

베드로전서 3장 7절에서 여자는 연약한 그릇으로 묘사되어 있습니다. 그래서 조그만 일에도 상처받기 쉬운 존재입니다. 그러므로 남자는 여자를 항상 온유하게 대해야만 합니다. 여자는 보호받아야 할 존재임을 꼭 인식해야만 할 것입니다.

아내들이 남편들에게 진정으로 원하는 것이 무엇이라고 생각합니까? 그것은 자신의 관심사에 대해 관심을 보이는 것, 친밀감과 사랑을 느끼는 것, 진실하게 자신의 이야기를 들어주는 것 등 입니다. 즉, 여자는 근본적으로 애정이나 친밀감을 필요로 한다는 것을 의미하고 있습니다.

그렇다면 아내들이 남편들에게 불만을 느끼고, 궁극적으로 사랑을 느끼고 있지 못하다면 이유는 명백합니다. 즉, 기본적인 욕구인 친밀감, 애정, 대화, 정직하고 열린 마음이 없기 때문입니다. 그런데 사실 남자들에게 가장 부족한 부분은 바로 이런 것들입니다. 남자들이 이러한 요소들을 채우려고 하지 않고 물질적인 것으로 해결하려고 하기 때문에 문제가 생기는 것입니다.

영화 '바람의 전설'은 춤을 정말 좋아하는 한 남자의 이야기입니다. 그는 춤을 배우기 위하여 수년간 방방곡곡을 찾아다닐 정도의 열정의 소유자였습니다. 그 결과 그는 춤의 대가가 되었습

니다. 그런데 춤이라는 것이 혼자서 할 수 있는 것이 아니기 때문에 항상 그의 주변에는 춤을 좋아하는 여자들이 있었습니다. 그의 춤 상대들은 그와 춤을 추며 너무나 행복해 했습니다. 비록 그것이 불륜이었지만 행복해 했습니다. 그런데 그 여자들이 춤을 추며 왜 행복해 했을까요? 춤이 재미있었기 때문일까요? 주인공이 항상 최선을 다해주고, 그녀들의 말을 들어주었기 때문이었습니다.

결혼생활에서 남자들이 가장 기본적으로 필요로 하는 것들은 성적인 만족, 같이 즐길 동반자 관계, 매력적인 배우자, 가정적인 내조, 칭찬 순이라고 합니다. 그러나 여자들은 애정, 대화, 정직과 열린 마음, 재정적인 지원, 가족에 대한 헌신 순으로 나타나고 있습니다. 여성들은 무엇보다 그들의 남편과의 관계 속에서 친밀감을 원합니다. 반대로 남자들은 친밀감을 두려워할 뿐더러 실제로 서로 거리를 둘 때 안전함을 느낀다고 합니다. 명백한 것은 이 차이가 남편들에게 애정(친밀감)에 대한 장벽을 만든다는 것입니다. 아이러니 하게도 남자들이 가장 필요로 하는 것 중 한 가지는 성적 만족감이라는 사실입니다. 하지만 먼저 아내가 남편에게 친밀감을 느끼지 못한다면 아내에게서 결코 기대할 수 없을 것입니다. 남편들이 대접받고 싶다면, 성적 만족감을 누리고 싶다면 연약한 아내를 친밀하게 대해야 합니다.

3. 아내의 불만을 봉쇄하라.

아내들이 불만을 갖도록 만드는 남편들의 특징은 다음과 같습니다.

첫째, 들을 줄을 모릅니다. 도무지 남편들은 아내의 말을 들으려고 하지 않습니다. 하지만 아내는 두 사람만 남았을 때 왜 남자가 이야기하려고 하지 않는지 이해하지 못합니다. 그리고 여자들은 자신의 말을 들어줄 때까지 같은 문제에 대해서 이야기하고 또 이야기 합니다. 물론 남편은 귀찮을 것입니다. 하지만 남편은 아내가 자신의 마음을 토로할 때 진지하게 듣기 위해 노력해야만 합니다. 여자에게는 마음을 토로하는 과정이 극단적일 만큼 중요하다는 사실을 알아야 합니다. 믿음은 들음에서 나듯이 사랑 역시 귀 기울여 들음에서 시작됨을 명심해야 합니다.

둘째, 여자들의 대화법을 모릅니다. 아내는 자신의 말에 대해 끊임없이 맞장구쳐주기를 바라고 있습니다. 남편들은 이런 아내들을 호들갑스러운 사람으로 여길 수도 있지만 아내들은 조용히 듣기만 하는 남편들이 전혀 자신의 이야기에 귀를 기울이지 않는다고 오해할 수 있습니다. 남편들은 대개 대화 도중에 아내의 얼굴을 쳐다보지도 않고 자꾸만 딴전을 피웁니다. 사실 이런 이유 중의 하나는 서로의 눈을 빤히 쳐다보는 것을 적대적 행위로 여겼던 과거 인간의 습성 때문이라 합니다. 아무튼 남편들은 아내에게 집중하지 않고 건성으로 듣습니다. 하지만 이것은 여자

로서는 절대 이해할 수 없는 행위이며, 아내로 하여금 자신이 받아들여지지 않고 있다는 느낌이 들게 합니다. 또한 남자는 뭐든지 지배하려는 경향이 있습니다. 침착하게 들어주기보다는 말을 자르고 자신의 의견을 피력하여 그것에 따르도록 만들려고 합니다. 그런데 성경에서는 이렇게 말씀하고 있습니다.

"사연을 듣기 전에 대답하는 자는 늘 미련하여 욕을 당하느니라"(잠 18:13)

이러한 행위는 상대방의 본뜻과는 달리 전혀 엉뚱한 방향의 대답을 할 수 있는 가능성이 있으며, 또 다른 문제만을 일으킬 뿐임을 명심해야 합니다. 따라서 남자는 대화할 때 여자에게 온전히 집중해야 합니다. 말할 때 맞장구를 쳐주며, 말을 하기보다는 듣도록 해야 합니다.

셋째, 남편들은 언제나 문제해결에 초점을 맞춥니다. 여자의 고민을 들을 때 "그래서 어떻게 해"란 말을 연발합니다. 여자는 고민을 해결해 주기를 원하는 것이 아니라 같이 고민해 주기를 원합니다. 그러나 남자는 근본적으로 정보를 분리, 저장하는 능력이 강하고 그것을 해야 유능한 사람이라는 인식 하에 훈련되어 왔기 때문에 항상 그런 식으로 반응합니다. 반면 여자의 두뇌는 그런 식으로 정보를 저장하지 않은 채 문제가 머릿속에서 돌

고 돈다고 합니다. 따라서 여자가 그 문제들을 머릿속에서 제거할 수 있는 유일한 방법은 말하면서 그 문제의 존재를 인정하는 것입니다. 여자가 어떤 말을 꺼내면 그것은 문제를 발설하기 위한 것이지 결론이나 해답을 얻기 위한 것이 아님을 꼭 알아야 합니다. 여자는 문제해결을 위해 간단한 10단계로 이루어진 5분짜리 해결책을 제시하기를 원치 않는다는 말입니다. 따라서 충고하려 하지 말고 그냥 맞장구 쳐주면서 들어주기만 하면 됩니다. 오히려 충고하려 한다면 여자의 불만은 더욱 쌓아져간다는 것을 알아야 합니다.

넷째, 남편에게 대수롭지 않은 문제가 아내에게는 중요하다는 사실을 모릅니다. 여자들이 무언가를 세세하게 이야기한다는 것은 분명히 어떤 중요한 문제를 안고 있다는 것을 의미합니다. 만약 남편들이 이것을 알아차리지 못한다면, 아내들은 이 이야기를 계속 할 것입니다. 남자는 자신에게는 대수롭지 않은 것이 아내에게는 특별하다는 사실을 알아야만 합니다. 아내의 작은 행동과 말은 커다란 메시지를 담고 있습니다. 그런데 이것을 매번 무시하고 요구가 수용되지 않을 때 아내는 깊은 상실감을 느끼며 관계의 파괴를 가져올 수도 있습니다. 자꾸만 불만이 쌓이면 결국 폭발하기 때문입니다. 그런 결과가 나타났을 때 남편은 이유를 모르겠지만 아내는 분명 과거에 그 문제에 대해 여러 번 언급했을 것입니다. 단지, 남편이 귀 기울이지 않았을 뿐입니다.

따라서 작은 신음에도 응답하시는 주님처럼 남편들은 아내의 작은 소리에도 귀 기울여야 합니다.

지혜로운 남편

지혜로운 남편은 어떤 남편일까요? 그는 자기 아내의 기분을 맞출 줄 아는 사람입니다. 그리고 일부러라도 오버해서 아내를 띄워줄 수 있는 남편이 정말 지혜로운 남편입니다.

엘런 피즈는 「말을 듣지 않는 남자 지도를 읽지 못하는 여자」에서 이런 조언을 합니다.

여자가 새 옷을 입고서 남자에게 물어봅니다.
"나 어때요?"
그러면 대부분의 남자는
"좋구먼, 새 옷이네."
이렇게 퉁명스럽게 한마디 하고는 그만입니다.

이렇게 대답해서 여자에게 좋은 점수를 얻을 수 없습니다. 좋은 점수를 따려면 무엇보다도 여자들이 반응하는 방식 그대로 반응해야 합니다. 바꾸어 말하면 구체적으로 대답해 주어야 합니다. 가령 이렇게 대답하는 것입니다.

"와우! 정말 멋진 선택이야! 한번 빙 돌아봐. 당신 등을 한번 보자고. 그 색깔, 정말 당신에게 잘 어울리는데. 끝내줘! 재단도 당신의 몸매를 한결 돋보이게 하구 말이야. 더욱이 그 귀고리는 정말 그 옷과 잘 어울리는군. 정말 매력적이야."

이런 대꾸에 황홀해하지 않는 여자는 없을 것입니다. 저녁 밥상을 임금님의 밥상으로 만드는 가장 좋은 방법이죠. 더 이상 늦출 것도 없습니다. 오늘 한 번 시도해 보십시오.

사랑은 표현하는 것

사랑은 표현하는 것입니다. 말을 하지 않으면 모릅니다. 김세레나의 '갑돌이와 갑순이'라는 노래를 들어본 적이 있을 것입니다. 한 동네에 살던 처녀 총각의 지고지순한 사랑이야기인데 사실 이 이야기는 비극적 결말로 전개됩니다.

갑돌이와 갑순이는 한마을에 살았더래요.
둘이는 서로서로 사랑을 했더래요.
그러나 둘이는 마음뿐이래요
겉으로는 음~ 모르는 척 했더래요.

그러다가 갑순이는 시집을 갔더래요.
시집간 날 첫날밤에 한없이 울었더래요.
갑순이 마음은 갑돌이 뿐이래요.
겉으로는 음~ 안 그런 척 했드래요.

갑돌이도 화가 나서 장가를 갔더래요.
장가간 날 첫날밤에 달을 보고 울었더래요.
갑돌이 마음도 갑순이 뿐이래요.
겉으로는 음~ 고까짓 것 했드래요.

　유쾌해 보이고 사랑스러운 이름을 가진 갑돌이와 갑순이의 비극이 왜 일어났습니까? 표현하지 않았기 때문입니다. 왜 서로 사랑을 하면서도 겉으로는 모르는 척 합니까? "사랑한다", "내 아를 낳아도"라고 당당하게 프러포즈를 해야지 말입니다. 도대체 표현하지 않는데 어떻게 사람 마음속을 알 수 있습니까?
　갑순이와 갑돌이 중 한 사람만이라도 표현했으면 사랑하지도 않는 사람과 결혼해서 첫날밤에 달을 보고 우는 어리석은 짓은 하지 않았을 것입니다. 그리고 비극은 갑돌이와 갑순이에게만 그치지 않았습니다. 갑돌이의 부인도 아마 비극적인 삶을 살았을 것입니다. 홧김에 결혼한 갑돌이가 과연 그녀에게 잘 해줬을까요? 표현하지 않으면 당사자는 물론 제 삼자에게도 피해가 갈

수 있음을 명심해야 합니다.

　사랑은 표현하는 것입니다. 첫째는 자신이 상대방을 얼마나 사랑하는지 표현하는 것입니다. "당신을 이 세상 누구보다도 더 사랑해", "당신이 곁에 있어줘 얼마나 감사한지 몰라", "당신은 내게 너무나도 소중한 존재야"라고 귓가에 속삭이듯이 고백해 주는 것입니다. 사랑에는 인색할 필요가 없습니다. 그리고 사랑을 표현하는 말과 더불어 사랑한다는 것을 보여주는 구체적인 행동이 필요합니다. 상대방의 말에 귀기울여주고, 원하는 것을 들어주며, 행동으로 보여줘야 한다는 말입니다. 사랑한다고 말은 하면서 상대방이 불편해하는 행동이 전혀 바뀌지 않고 구체적인 사랑의 행동이 없는 것은 사랑이 아닙니다. 사랑은 말과 행동으로 표현하는 것입니다.

　둘째, 자신의 요구를 표현하는 것입니다. 자신의 정당한 요구, 사랑해달라는 요구를 표현해야 합니다. 자신은 무엇을 원하고 있으며, 어떤 생각을 가지고 있는지, 무엇이 좋고 싫은 지에 대한 표현이 필요합니다. 사람은 절대 다른 사람의 생각을 알 수가 없기 때문입니다. '우린 사랑하는 사이니깐, 굳이 말을 하지 않아도 내가 뭘 원하는지 알거야. 아니, 꼭 알아야만 돼. 그렇지 않다면 그는 날 사랑하지 않는 거야'라고 생각하는 것은 어리석은 짓입니다. 따라서 자신의 정당한 요구를 꼭 표현해야 합니다. 그래야 사랑받을 수 있습니다.

사랑의 표현에서 중요한 것은 사랑이 자신을 버리고 희생하는 것이긴 하지만, 사랑은 분명 'Give & Take' 관계라는 것입니다. 주기도 해야 하지만 받기도 해야 합니다. 그렇기 때문에 자신도 사랑을 원한다는 것을, 그리고 구체적으로 어떤 것을 원하는 지를 표현해야 합니다. 이런 과정을 통해 사랑은 돌고 돌며 커져갑니다. 자라갑니다. 깊어지고, 육체적으로도, 정신적으로도 점점 하나가 되어갑니다. 무엇보다도 사랑은 표현하는 것이 중요합니다. 표현할 때 사랑은 더욱 구체적이 됩니다.

들으면 살리라

신명기 6장 4절에 보면, 하나님은 이스라엘에게 '쉐마'를 원하셨습니다. 이스라엘 백성들이 하나님의 말씀을 듣는 것을 원하신 것입니다. 하나님은 어떤 분이시며, 어떤 것들을 좋아하시고, 또 어떤 것들을 싫어하시는지 들으라고 하셨습니다. 수많은 선지자들을 통해 수도 없이 말씀하셨습니다. 그런데 이스라엘 백성들은 듣지 않았던 것입니다. 그들이 하나님의 책망을 받게 될 때 하나님은 그냥 폭발하셨던 것이 아닙니다. 하나님은 수없이 말씀하셨지만 이스라엘 백성들이 듣지 않았기에 책망을 받고 저주를 받은 것입니다.

듣지 않으면 믿음도 생기지 않습니다. 누군가가 복음을 전해주었고, 그것을 들었기 때문에 믿음을 갖게 되었으며 구원을 얻었습니다. 하나님의 말씀을 들어야 하나님의 뜻을, 하나님이 원하시는 것을 알 수 있습니다. 무엇보다 선행되어야 할 것은 바로 듣는 것입니다.

남녀 간에서도 마찬가지입니다. 사랑을 유지하는데 있어서도 가장 중요한 것은 서로의 말을 잘 들어주는 것입니다. 폴 틸리히는 "사랑의 첫째 의무는 듣는 것"이라고 말했습니다. 그리고 어느 누구보다도 배우자의 말을 먼저 들어야 합니다. 모든 발생한 문제는 주의를 기울여 듣지 않았기 때문일 것입니다.

게리 채프먼은 「사랑의 5가지 언어」에서 듣는 기술을 개발시키는 방법을 제시하고 있습니다.

첫째, 배우자와 말을 할 때는 그에게 시선을 고정시켜라.
둘째, 배우자의 말을 들으면서 다른 일을 하지 말라.
셋째, 상대방의 감정에 주의를 기울여라.
넷째, 몸짓으로 표현하는 것을 주의 깊게 보도록 하라.
다섯째, 상대방의 이야기를 가로막지 마라.

이 외에도 많은 방법들이 있을 것입니다. 하지만 이 중 한 가지만이라도 마음에 새기고 실천한다면 당신의 듣기 능력은 크게 향상될 것이며, 생길 수 있는 많은 갈등을 미연에 방지할 수 있을 것입니다. 들으면 당신의 결혼생활은 살아날 것입니다.

서로를 이해하기 위하여

폴 투르니에가 사랑하는 사람들에게 들려주는 결혼에 대한 지혜들을 살펴보십시오. 서로를 이해하기 위하여 깊은 관심을 가지고 시선을 고정해 보십시오.

"결혼은 위대한 모험이다. 자신과 배우자를 지속적으로 발견해 가는 모험 말이다. 결혼은 매일 새로운 지평을 넓혀가는 과정이 되며, 인생에 대하여, 인간 실존에 대하여, 하나님에 대하여 새로운 것을 배워가는 기회가 된다. 성경 첫 부분에 하나님이 '사람의 독처하는 것이 좋지 못하니'(창 2:18상)라고 말씀하신 이유가 여기에 있다. 사람이 혼자 있는 것은 좋지 못하다. 사람은 사귐을 필요로 한다. 즉, 짝을 필요로 하며, 다른 사람과의 진실 된 만남을 필요로 한다. 그는 다른 사람을 이해해 주고, 다른 사람들이 자기를 이해한다는 것을 느껴야 한다. 사람은 혼자 있으면 제자리걸음만 하고 자기의 방식 속에 고착되어 버린다. 사람은 결혼생활이 요구하는 끊임없는 도전 속에서 늘 자신을 초월하고, 발전하고, 성장하여 성숙으로 나아가야 한다. 결혼이 본질적으로 서로에게 자신을 감춘 두 사람이 단지 함께 사는 것으로 축소된다면, 그와 같은 생활은 때로 평화로울 수는 있어도 완전히 목표를 빗나간 것이다. 이때는 결혼만 실패한 것

이 아니다. 남편도 아내도 함께 실패한 것이다. 그들은 남자와 여자로서의 부르심에 실패한 것이다. 배우자를 이해하는데 실패한 것은 자신을 이해하는데 실패한 것과 마찬가지다. 그것은 또한 성숙하는 일에, 그리고 가능성을 실현하는데 실패한 것이기도 하다."

사랑과 결혼을 통해 인간은 완성되어져 갑니다. 성숙되어져 갑니다. 그것은 서로의 부족한 점이 상대방으로 인해 채워지고, 그 과정 속에 자신을 희생하고 버리는 아픔이 수반되기 때문입니다.

또한 사랑과 결혼은 완성시켜 가는 것입니다. 서로를 위해 끊임없이 자신을 상대방에게 맞춰가고 다듬어 가야합니다. 이전에는 한 사람이었지만 둘이 만나 우리가 되었습니다. 함께 노력하면서 사랑과 결혼의 100% 완성을 향해 나아가야 합니다. 앞에서도 살펴보았듯이 성도 다르고, 자라 온 환경도 다르기 때문에 둘은 서로 같은 점보다는 다른 점이 많을 수밖에 없습니다.

중요한 것은 서로의 다른 점을 찾아내려 하기보다는 공통점을 찾아내고, 서로를 이해하는 마음을 가지며, 자신보다는 상대방을 더 존중해줘야 합니다. 사랑에는 결코 포기하지 않는 노력과 의지가 필요합니다. 그리고 그것은 어느 한 사람만으로는 안 됩니다. 함께하는 것입니다. 시작보다 중요한 것은 지키는 것이며,

우리는 그것을 아름답게 그리고 어떤 시련에도 흔들리지 않도록 굳건하게 가꾸어야 합니다.

사랑에는 매뉴얼이 없다

　시중에는 남녀의 차이를 이해하게 하는 책들이 많이 나와 있습니다. 그런 책들은 남녀가 서로를 좀 더 이해하는데 많은 도움을 주고 있습니다. 앞에서 다룬 내용 중 일부분도 바로 그런 부분들입니다. 그리고 이것은 전 인격적인 사랑을 함에 있어 지성적의 기능을 사용하는데 도움을 줄 수 있다는 것에 큰 의미를 둘 수 있습니다. 왜냐하면 감정이나 의지는 전적으로 자기 자신에 달려있는 것과는 달리, 지식의 측면은 외부로부터의 도움을 많이 의존할 수밖에 없기 때문입니다.
　"지피지기면 백전백승"이라는 말이 있듯이 상대방과 자신의 남성 혹은 여성으로서의 보편적 특성을 파악한 후 연애에 임한다면 보다 매끄러운 사랑을 나눌 수 있을 것이며, 결혼생활도 분명 행복할 수 있을 것입니다. 하지만 여기서 간과하지 말아야 할 것이 있는데 그것은 보편성과 특수성 간의 문제입니다.
　책의 내용을 적용시킬 때 우리는 서로의 보편적 특징을 이해하는 가운데 그 사람만의 특수성을 고려해야 합니다. 이 말은 그

사람을 보편적 여자(남자)로 바라보는 동시에, 세상에 하나밖에 없는 독특한 한 인격으로서 바라봐야만 한다는 것입니다. 예를 들면 「화성에 온 남자, 금성에서 온 여자」와 같은 유의 책들은 통계적 상황을 근거로 저술한 것이기 때문에 대부분의 사람들이 공감하는 내용으로 되어 있습니다. 하지만 그렇다고 해서 다 맞는 것은 아니라는 것을 주의해야 합니다.

따라서 책에 나와 있는 내용 중에는 분명 나 그리고 그녀(그)와는 다른 부분이 있기에 그것을 적용시킴에 있어 무리하게 끼워 맞추려하기보다는 유연성을 가져야만 합니다. 그 사람은 그 사람일 뿐입니다. 보편적 성 차이에 관한 지식을 바탕으로 하되 중요한 것은 그 사람에게 좀 더 많은 관심을 기울여 그를 아는 것입니다.

폴 틸리히는 "사랑의 첫째 의무는 귀 기울여 주는 것"이라고 했습니다. 먼저 귀 기울여야만 합니다. 그래야 그 사람만의 특성을 발견할 수 있습니다. 그래서 그 사람만의 독특한 정보를 자신의 기억의 창고에 저장한 후 그것과 보편적 지식을 적절히 배합하여 한 사람만을 위한 맞춤 서비스를 제공했을 때 고객감동을 실현할 수 있을 것입니다. 그녀(그)가 책에 나와 있는 내용과 다른 특성과 반응을 보일 때 "왜 이러지? 이건 책과는 다른 내용인데, 아니야 그럴 리가 없지"라고 말하며 자꾸 잘못된 적용을 하기보다는 "아! 이 여자(남자)는 이런 면에서 다른 여자(남자)와

는 다르구나"라는 것을 빨리 인정하고 그 사람에 맞게 대해야 합니다.

무엇보다도 말하고 싶은 것은 "사랑에는 매뉴얼이 없으며, 머리로만 되는 것은 아니다"라는 것입니다. 사랑은 무슨 공식에 따라 이루어지는 수학이 아닙니다. 그리고 정말 사랑에 빠지게 된다면 머리는 그야말로 텅 비어버리게 되는 것을 경험하게 될 것입니다. 적어도 사랑을 시작하게 된 초기에는 그렇습니다. 만약 사랑이 말처럼 쉽다면, 그것은 사랑이 아닐지도 모릅니다. 어렵기 때문에 자꾸만 우리를 자극시키는 것입니다. 그래서 "사랑은 예술"이라고 말하며 그 열매는 무엇보다도 달게 느껴지는 것입니다.

하지만 사랑에도 왕도가 있습니다. 이 책의 앞부분에서 말한 바 있듯이 결국은 "자신을 희생하는 것", "내가 죽는 것"입니다. 자아를 죽이는 것은 분명 가장 어려운 것이겠지만 죽으면 사랑은 쉽습니다. 죽으면 차이는 문제가 되지 않습니다. 그리고 이것이 바로 사랑의 전부입니다.

헨리 데이빗 소로는 "사랑의 치유책은 더욱 사랑하는 것밖에는 없다"고 말했습니다. 사랑의 치유책은 내 자아가 그만큼 더 죽는 것입니다. 나 자신을 희생하면서 누리는 행복감이 바로 사랑입니다. 먼저 죽기 바랍니다. 따지지 말고 마치 십자가에서 돌아가셨던 예수님처럼 그냥 죽으면 결혼생활은 행복해 질 것입니다.

한 사람만을 사랑하는 사랑, 그 사랑이야 말로 가장 위대한 사랑입니다.
당신의 아내, 당신의 남편, 그 한 사람만을 좋아하고, 사랑하고,
그와 함께 살고 죽는 사람이 되어야 합니다.

Single Focus

행복한 결혼을 위한 열 가지 원칙
Single Focus
간음
할례의 의미
간음의 원인
간음의 결과
말년을 비참하게 보낸 다윗
간음 예방백신
둘이 만드는 단 하나의 사랑

행복한 결혼을 위한 열 가지 원칙

    부부가 사랑의 앙상블을 연주하며 행복하게 살기 위해서는 몇 가지 원칙이 필요합니다. 이 원칙의 중심에는 배려가 있습니다. 배려란 상대방을 위하여 내 것을 포기하는 것입니다. 내가 드러내고 싶은 것이나 주장하고 싶은 것이 있다 할지라도 그것이 상대방의 기분을 어떻게 하겠는지를 먼저 생각하고 행동하는 것입니다.
    혹시 달기장수(妲己藏手)라는 말을 들어본 적이 있습니까? 옛날 중국에 달기라는 경국지색(傾國之色)으로 소문난 여인이 있었습니다. 그녀가 길을 갈 때에는 많은 백성들이 길가로 나와 그

녀의 얼굴을 한 번만이라도 보기를 원했습니다. 어느 날, 저자거리를 지나가게 되었는데 달기는 갑자기 얼굴을 검은 천으로 가리고 고운 손을 감춰버렸습니다. 달기가 지나간다는 소식을 듣고 그녀를 보기 위해 거리로 나왔던 사람들은 크게 실망하여 탄식을 늘어놓았습니다. 그러자 그의 시종이 달기에게 어찌하여 얼굴을 검은 천으로 가리고 손을 감추었는지를 물었습니다. 그러자 달기가 이렇게 대답했습니다.

"치장한 내 얼굴을 보면 일에 찌들어 얼굴이 검게 탄 여염집 아낙네들이 자신을 탄식할 것이고, 백옥 같은 나의 손을 보면 손톱이 뭉그러지도록 일한 여인들이 자기 손을 부끄러워 할 것이므로 내 손을 감추었다. 사실은 백옥 같은 내 손보다는 손등이 트도록 일한 그들의 손이 자랑스러운 손인데 나로 하여 행여 그 손이 추하다는 이름으로 더럽혀질까 그것이 걱정이었다."

사람들은 누구나 자기가 가진 좋은 것을 드러내고 싶어 합니다. 그러나 그것이 혹시 다른 사람에게 폐가되는 일인지에 대하여 관심을 갖기란 쉽지 않습니다. 하지만 부부는 다릅니다. 남편은 아내를 위하여, 아내는 남편을 위하여 자기의 가장 자랑스러운 것도 드러내지 않고 상대를 보호해 주는 것입니다.

배려라는 관계의 법칙을 가지고 부부 10계명을 다시 한 번 살펴봅시다. 그리고 나는 얼마나 성실한 준수자인지 확인해 보는 기회가 되기를 바랍니다.

첫째, 주고 또 주고 양보하되 상처는 간직하지 않는다.

둘째, 자녀보다는 부부 간의 관계를 중요하게 생각한다.

셋째, 하나님을 향한 믿음으로 부부문제를 중재한다.

넷째, 재정적 어려움을 겪지 않도록 열심히 노력한다.

다섯째, 인척과의 관계 개선을 위한 구체적인 행동을 한다. 남편의 어머니를, 아내의 아버지를 존귀하게 여긴다.

여섯째, 항상 투명한 마음으로 비밀을 갖지 않는다.

일곱째, 서로가 없어서는 안 될 존재임을 자각한다.

여덟째, 상대가 좋아하는 것을 좋아한다.

아홉째, 항상 적극적이고 긍정적인 말을 사용한다.

열째, 부부 간의 잠자리를 소중하게 생각한다.

Single Focus

최근 TV를 장착한 자동차의 대수가 80만 대를 넘어섰다고 합니다. 예전에는 상상도 못했던 일이죠. 그런데 TV를 보고 운전하는 것이 대단히 위험하다는 연구 결과가 발표된 적이 있습니다. 위험 수위는 소주 한 병을 마시고 운전하는 것보다 더 사고 확률이 높다고 합니다. 보통 정상인의 운전 집중도는 78%입니다. 그런데 음주운전을 하면 56%까지 떨어진다고 합니다. TV

를 시청하면서 운전하는 것은 음주운전보다 더 집중도가 떨어져 50%밖에 되지 않는다는 것입니다. 10분을 운전한다면 5분은 전방을 보지 않고 다른 곳을 보고 있는 것입니다. 그러니 사고 확률이 높아 질 수밖에 없는 것입니다. 운전을 할 때 한 곳을 쳐다보는 것은 무엇보다 중요합니다. 만약 TV를 보며 운전하면 사고 확률이 높아져 자신도 다치게 되지만 아무런 잘못이 없는 타인까지도 그 사고의 희생자가 되게 되는 것입니다.

이와 똑같은 일이 부부 간에도 일어납니다. 만약 부부 중 한 사람이 자기 남편이나 아내만을 쳐다보지 못하고 자꾸만 다른 곳으로 시선을 돌린다면 사고가 나게 되고 당사자들이 상처를 받게 됩니다. 당신의 여자에게, 당신의 남자에게 집중해야 합니다. 시선을 돌리면 사고가 나게 마련입니다.

미국의 유명한 기자 필리스 조지가 NFL(National Football League) 명예의 전당에 이름을 올린 댈러스 카우보이 미식축구팀의 슈퍼스타인 로저 스타우바흐와 인터뷰했습니다.

"로저! 매번 다른 여자를 끼고 나타나는 바람둥이 조 네이머스와 당신 자신을 비교할 때 어떤 생각이 드나요?"

기자의 질문에 로저 스타우바흐는 이렇게 답했습니다.

"필리스! 물론 저도 조만큼이나 성적 욕구가 높습니다. 하지만 다른 점은 저의 성적 관심은 오직 한 여자에게만 집중되어 있다는 점입니다."

열 여자 마다할 남자는 없다죠. 남자의 본성입니다. 그런데 아내가 있는 남편은 열 여자를 마다해야 합니다. 로저 스타우바흐처럼 오직 한 여자에게만 초점을 맞추어야 합니다.

결혼생활에 있어 가장 강력한 적은 바로 간음 문제입니다. TV나 영화에서는 결혼한 사람이 애인을 두는 것을 마치 아름다운 것처럼 종종 묘사합니다. 그래서 한 번쯤 바람피우는 것을 대수롭지 않게 여기며, 이것을 하나의 놀이로 생각하는 경향이 만연하고 있습니다.

과연 당신은 하나님이 짝지어주신 한 사람에게만 초점을 맞출 자신이 있습니까? 하나님은 혼인을 귀히 여기시고 한 사람에게만 초점을 맞추시길 원하십니다. 간음을 혐오하시며 간음하는 자에 대해 진노하십니다. 왜냐하면 육의 생활은 영의 생활의 표현이기 때문입니다. 하나님은 이방신을 섬기는 것을 영적인 간음으로 보셨으며, 그것에 대해 가장 큰 벌을 내리셨습니다.

간음

간음은 결혼한 사람이 결혼한 당사자 외에 다른 사람과 성교하는 모든 행위를 가리킵니다. 그것은 형용할 수 없는 배신행위이며, 하나님의 분명한 명령을 어긴 것입니다. 간음을 금지하는 하

나님의 말씀은 단호합니다. 길지도 않습니다. 여지를 두지 않겠다는 하나님의 심정이 담겨 있습니다.

"간음하지 말지니라"(출 20:14)

하나님의 죄의 범주는 우리의 생각과는 다릅니다. 비록 육체적으로는 아니더라도 우리의 마음에 그렇게 생각했다면 그것은 계명을 어긴 것입니다(마 5:28).

사실 육체적인 하나 됨은 영적인 하나 됨을 표현합니다. 육체적으로 하나가 된다는 것은 그리스도께서 그의 신부인 교회와 영적으로 하나 됨을 나타내는 지상적 표현을 뜻합니다. 간음이란 용어의 성경적 용법이 비유적으로 하나님의 나라와 약혼관계에 있는 백성을 타락케 하는 행위나 우상숭배를 나타내고 있습니다(렘 3:8~9, 겔 23:27~43, 호 2:2~13, 마 12:39, 약 4:4).

그리고 이러한 용법은 남편과 아내 사이의 관계를 모방해서 하나님과 그 백성 사이의 관계에 대한 비유에 근거하고 있습니다(렘 2:2, 3:14, 13:27, 호 8:9). 법적인 계약과 사람의 매임이 포함된 결혼은 그리스도와 그의 교회 사이의 적절한 관계의 상징인 것입니다(엡 5:25~27).

십계명의 가장 우선된 계명에서 확인할 수 있듯이 하나님은 우상을 섬기는 것(영적인 간음)을 가장 싫어하십니다. 그런데 육의

생활은 영의 생활의 표현하는 것이기 때문에 육적 간음은 영적 간음과 같이 하나님을 배신하는 행위라는 것을 꼭 기억해야 합니다.

할례의 의미

할례는 남성의 생식기의 표피를 약간 제거해 내는 외과술 입니다. 흔히들 포경수술이라고 말합니다. 성경에서 할례는 하나님의 언약 백성에 속한다는 필수적인 외적 표징이나 인침을 의미하는 중요한 예식이었습니다(창 17:11, 행 7:8, 롬 4:11). 이스라엘 백성 중 남자에게만 적용되는 것으로써 태어 난지 8일 만에 할례를 받음으로 "영적 순결과 거룩함"을 증명 받고 하나님의 택한 백성으로 인정되는 것입니다.

신약에서의 할례의 의미는 메시아의 약속을 포함한 하나님의 명령의 한 부분이며, 참된 할례는 마음에 하는 것으로 예수 그리스도에 대한 믿음이 할례를 대신하게 되었습니다(롬 4:9~11). 구약은 육신의 할례를 통해 영적인 할례를 강조했다면 신약은 영적인 것만 인정하여 이방인에게 할례를 받도록 하는 것을 강조하지 않았다는 것이 차이입니다(행 15:19~20).

그러면 왜 하나님이 이스라엘과의 언약의 표시를 세긴 곳이 하

필이면 남성의 음경이었을까요? 이에 대하여 학자들은 "성적 범죄는 인간이 가장 빠지기 쉬운 유혹이고 유혹에 빠질 때 하나님께 속했음을 꼭 기억하도록 하기 위해서"라고 말합니다. 범죄를 저지르게 되는 상황이 될 때 할례 된 음경, 즉 "주의 언약 백성의 표시"를 본다면 스스로 자신을 돌아보게 되지 않을 수 없을 것입니다. 신실하신 하나님은 자신의 거룩한 백성을 보호하시기 위한 방편을 마련해두셨던 것입니다.

간음의 원인

그렇다면 간음은 왜 일어나는 걸까요? 첫째는 생물학적 문제 때문입니다. 사회학자 로버트 화이트허스트는 "모든 남자들은 결혼한 첫 날부터 혼외정사를 꿈꾼다. 중년기 후반에는 혼외정사를 추구하는 욕정이 줄어들긴 하지만 정상적인 남자에게 그러한 욕정은 죽을 때까지 완전히 사라지지 않는다"라고 말했습니다. 남자는 생물학적으로 언제나 'Sex'를 꿈꾼다고 합니다. 하지만 남자들만 그런 것이 아닙니다. 심리적 태도, 타이밍 등에서 남녀 간의 차이는 있으나 성생활의 능력과 성욕에서는 양편이 대등하다고 밝혀져 있습니다. 다시 말하면, 성욕 그리고 그것으로 인해 저지르게 되는 간음은 인간 본연의 문제입니다. 원래 인

간은 남자든 여자든 상관없이 간음을 저지를 가능성을 이미 그 안에 내재하고 있습니다. 다만 그것을 실제로 행하느냐, 그렇지 않느냐의 차이일 뿐입니다.

둘째는 부부 안에서 만족을 못 누렸기 때문입니다. 다시 말하면, 인간 본연의 욕구가 해소되지 않았기 때문에 일어나는 것입니다. 수많은 남자들이 온통 성적인 생각에만 골몰하는 것처럼 보이는 이유 중 하나는 아내로부터 충분한 만족을 얻지 못했기 때문입니다. 남편의 요구에 대해 매번 "나는 너무 바빠서 시간을 낼 수가 없어요. 다른 일들로 내 마음이 얼마나 분주한지 당신도 알고 있잖아요? 도대체 당신은 그 생각밖에 안하고 살아요?"라고 말한다면 남편의 기분은 어떨까요? 사실 남편들이 가장 많이 외도하는 때는 아내가 임신 또는 출산을 했을 때라고 합니다. 아기를 보호한다는 이유로 남편을 거부하기 때문에 남편들이 집 밖에서 육체적 욕구를 해소한다고 합니다.

간음의 결과

배우자가 가장 불안해하고 분노하는 것이 간음입니다. 이것은 가정을 송두리째 뒤흔들 수 있습니다. 이제껏 쌓았던 명예를 하루아침에 날려버릴 수도 있습니다. 「영적질서와 내적성장」이라

는 탁월한 저서를 쓴 고든 맥도날드를 추억해 보십시오. 그는 세계가 존경하는 영적 지성인이었습니다. 하지만 섹스스캔들로 인해 하루아침에 추락해 버렸습니다. 물론 정직한 고백과 회복을 통하여 예전의 자리로 복귀했지만 그런 일은 극히 드문 경우입니다. 대부분의 경우는 수많은 세월을 허비하고 예전과 같은 상태로 되돌아가지 못합니다.

"그렇지 않으면, 네 영예가 다른 사람에게 넘어가고 네 아까운 세월을 포학자들에게 빼앗길 것이다. 다른 사람이 네 재산으로 배를 불리고 네가 수고한 것이 남의 집으로 돌아갈 것이다. 마침내 네 몸과 육체를 망친 뒤에 네 종말이 올 때에야 한탄하며"(잠 5:9~11, 표준새번역)

물론 간음은 용서받을 수 없는 범죄는 아닙니다. 하지만 거기에는 반드시 치러야 할 대가가 꼭 따른다는 것을 명심해야 합니다. 하나님은 회개하는 자의 죄를 용서해 주시지만 그 대가는 치르게 하시는 분이십니다. 죄의 삯은 사망이며, 하나님은 반드시 그 값을 받아내실 것입니다. 다윗은 용서받았지만 그가 치러야 할 대가는 상상을 초월한 것이었습니다.

그리고 간음은 육체적 사망뿐만이 아니라 인격의 사망이고, 가정의 사망으로 확대됩니다. 즉, 모든 것의 사망입니다. 특히 간

음은 성령의 전인 몸을 더럽히는 행위임을 잊지 말아야 합니다. 그것은 우리 주 예수 그리스도께서 피 값으로 사신 몸을 함부로 하는 행위입니다. 하나님을 영화롭게 해야 할 그 몸으로 하나님의 명예를 더럽히는 행위입니다. 하나님은 간음하는 자에게 큰 진노를 내리실 것이 분명합니다. 간음의 문제를 생각함에 있어서 두렵고 떨리는 마음을 가져야 합니다.

말년을 비참하게 보낸 다윗

우리가 자주 만나는 다윗에게서 그 혹독한 결과를 찾아봅시다. 그 결과를 나의 결과라고 생각한다면 감히 간음하려는 생각을 하지 못할 것입니다.

> "저녁때에 다윗이 그 침상에서 일어나 왕궁 지붕 위에서 거닐다가 그곳에서 보니 한 여인이 목욕을 하는데 심히 아름다워 보이는지라 다윗이 보내어 그 여인을 알아보게 하였더니 고하되 그는 엘리암의 딸이요 헷 사람 우리아의 아내 밧세바가 아니이까 다윗이 사자를 보내어 저를 자기에게로 데려 오게 하고 저가 그 부정함을 깨끗케 하였으므로 더불어 동침하매"(삼하 11:2~4)

군사들을 전쟁터로 보낸 어느 날 저녁, 다윗은 왕궁 지붕 위를 거닐다가 목욕하고 있는 한 여인을 발견합니다. 그녀는 다윗의 충복 우리아 장군의 아내 밧세바였습니다. 달빛에 비친 밧세바의 알몸은 너무 아름다웠습니다. 그리고 순간 다윗에게는 그녀를 향한 성적 충동이 물밀 듯 밀려왔습니다. 늘 하나님을 묵상하고, 하나님의 말씀에 귀 기울이는 다윗이었건만 어찌된 일인지 그 순간만큼은 하나님이 생각나지 않았습니다. 그만큼 성적 유혹이 강렬했던 것입니다.

다윗은 사람을 보내 그녀를 불러들여 왕의 권력으로 취해 성관계를 맺습니다. 그 결과 밧세바는 임신을 하게 되고, 자신과 밧세바와의 스캔들을 숨기려다가 충성스런 우리아 장군까지 죽이는 범죄를 저지르게 됩니다.

당연히 하나님은 분노하셨고, 비록 다윗이 회개하긴 했지만 범죄에 대한 대가는 철저히 치르게 하셨습니다. 둘 사이에서 난 아이를 죽이셨으며, 큰 아들 암논이 자신의 누이인 다말을 강간하였고, 또 다른 아들 압살롬은 그런 암논을 죽이고 다윗 정권에 쿠데타를 일으켰던 것입니다.

다윗은 간음으로 인해 혹독한 대가를 치렀습니다. 다윗은 하나님의 마음을 닮고자 했던 사람입니다. 하지만 간음을 저지른 그는 다시는 전과 같이 되지 못했습니다. 그의 죄는 용서 받았지만, 그 후유증으로 인해 집안의 평화가 깨지고 파멸의 구렁텅이

로 빠져버렸습니다. 그의 간음은 가증스러운 행동이었기에 하나님은 다윗이 죽을 때까지 괴로운 일들이 끊이지 않게 하신 것입니다. 한 순간의 충동을 이기지 못한 것이 이런 큰 비극을 초래하였음을 결코 잊지 말아야 합니다. 순간의 선택이 평생을 좌우합니다.

간음 예방백신

간음을 예방하기 위하여 우리가 취할 수 있는 방법은 어떤 것일까요? 막연히 알고 있는 것과 예방법을 확인한 후에 구체적인 행동 수칙을 세우는 것과는 간음의 상황을 대하는 태도가 달라집니다.

1. 기도하라.

간음은 의외로 우리 주변에서 자주 일어나는 일입니다. 그리고 그 일은 나와 전혀 상관없는 것이 아닙니다. 간음의 문제는 바로 나의 옆자리에 놓여져 있는 문제입니다. 간음에 대한 성경적 정의가 없다면 옆 자리에 놓여 있던 간음의 문제가 나의 자리로 옮겨 올 것입니다. 그러므로 간음에 대하여 하나님께서 우리에게 주시는 말씀은 무엇인지, 또 문제에 직면하게 되었을 때 어떻게 대처할 것인지 잘 알고 있어야 합니다.

간음을 예방하기 위해서는 첫째 기도해야 합니다. 혼탁한 이 시대에 하나님을 믿는 백성들이 주의를 기울여야 할 것이 바로 기도입니다.

"시험에 들지 않게 깨어 기도하라 마음에는 원이로되 육신이 약하도다"(마 26:41)

예수님은 아셨습니다. 우리가 마음속으로는 아무리 거룩하게 살려고 할지라도 육신이 약함으로 넘어질 수 있다는 것을 말입니다. 그래서 그분께 도움을 청하라고 명령하십니다. 우리에게 이렇게 기도하라고 하십니다.

"우리를 시험에 들게 하지 마옵시고 다만 악에서 구하옵소서"(마 6:13)

우리가 주님께 간음이라는 시험에 들게 하지 말게 해달라고, 간음이라는 악에서 구해달라고 기도하면 우리를 구해 주실 것입니다. 사망의 골짜기에서 건져내 주실 것이며, 육체의 소욕을 이기고 승리할 수 있는 힘을 주실 것입니다.

음란의 힘은 강력합니다. 우리 힘으로는 절대 이길 수 없습니

다. 우리 스스로 이길 수 있다는 교만한 생각은 패망의 지름길입니다. 우리의 약함을 들고 오직 주님께 의지할 때 우리는 승리할 수 있을 것입니다.

포르노 중독증에 걸리거나 음란에서 빠져 나오지 못하는 사람들의 공통적인 특징은 언제든지 내가 마음만 먹으면 그것을 끊을 수 있다고 생각하는 것입니다. 정말 그럴까요? 절대 중독에서 빠져 나올 수 없습니다. 유일한 방법은 감시자를 세우는 것입니다. 그분이 언제나 불꽃같은 눈을 가지고 우리를 지켜보시는 하나님이라면 더할 나위 없겠죠.

2. 배우자를 적극적으로 사랑하라.

하나님은 우리에게 오직 하나의 배우자를 허락하셨습니다. 그것은 경건한 자손을 얻고자 하심입니다. 그리고 주님은 남편들에게 어려서 취한 아내에게 "교묘한 거짓"으로 속이지 말라고 명령하셨습니다. 무슨 말입니까? 아내 몰래 나쁜 짓 하지 말라는 것입니다. 아내를 속이고 다른 여자하고 희희낙락거리지 말라는 것입니다. 자꾸 그렇게 하다보면 필경 간음의 죄악에 빠지게 될 것입니다. 남편은 한 아내에게 신실하고 성실해야 합니다. 하나님이 허락하신 아내를 적극적으로 사랑해야 합니다.

"여호와는 영이 유여하실지라도 오직 하나를 짓지 아니하셨

느냐 어찌하여 하나만 지으셨느냐 이는 경건한 자손을 얻고자 하심이니라 그러므로 네 심령을 삼가 지켜 어려서 취한 아내에게 궤사를 행치 말지니라"(말 2:15)

앞에서 간음이 일어나는 이유 중에 하나로 부부 간 성적 불만족을 들었습니다. 따라서 부부 안에서 성적인 만족을 누리도록 노력해야 합니다. 성경에서는 서로의 몸을 각자가 아닌 배우자가 주장하도록 가르치고 있습니다. 배우자의 성적 욕구를 거부하는 것은 분명 죄입니다. 왜냐하면 배우자를 시험에 빠지게 하는 행위이기 때문입니다. 부부 안에서 성적 욕구를 해소하지 못하면 다른 부적절한 해소 방법을 찾을 지도 모르는 법입니다. 그래서 성경은 자기 몸을 자기가 주장하지 말라고 명령하고 있는 것입니다.

따라서 간음을 예방하기 위해서는 자신이 정말 배우자의 성적 요구에 응할 수 없을 정도로 심각한 상태가 아니라면, 배우자가 요구할 때 어느 때나 그것에 응해야 한다는 말입니다. 부부 안에서 모든 것을 비워버리면 딴 생각할 힘이 없게 될 것입니다. 부부 간에 이뤄지는 성생활의 만족, 적극적인 성생활은 간음을 예방할 수 있는 좋은 방법이 될 것입니다.

3. 거룩한 일에 바빠져라.

간음을 예방하는데 있어 가장 강력한 방법은 성령을 좇아 행하는 것입니다. 왜냐하면 성령의 소욕과 육체의 소욕은 서로 대적하기 때문입니다. 그 둘은 서로 반대 방향을 바라보고 있기 때문에 '순결의 경계'를 탐색하는 일과 의를 추구하는 일을 동시에 할 수 없습니다.

> "성령을 좇아 행하라 그리하면 육체의 욕심을 이루지 아니하리라 육체의 소욕은 성령을 거스리고 성령의 소욕은 육체를 거스리나니 이 둘이 서로 대적함으로 너희의 원하는 것을 하지 못하게 하려 함이니라"(갈 5:16~17)

거룩한 일에 집중하면 물리칠 수 있습니다. 실존주의 철학자 죄렌 키에르케고르는 "마음의 깨끗함, 진정한 마음의 깨끗함은 오직 한 가지 목적에 몰두하는데 있다. 신적인 목적, 하나님의 목적 앞에 몰두할 때 나는 내 마음이 깨끗해지는 것을 느낀다"라고 말했습니다. 거룩한 일에 빠져있지 않기 때문에 범죄하는 것입니다. 한가하기 때문에 딴 생각하는 것입니다. 하나님께 집중하기 바랍니다. 하나님께 그리고 하나님의 일에 집중하면 음욕이 생길 여유가 없습니다.

다윗이 밧세바와 범죄했던 것은 하나님께 집중하지 않았을 때

였습니다. 만약 다윗이 하나님의 거룩한 전쟁을 수행하기 위해 자기 군사들과 전쟁터에 나가 있었다면 어땠을까요? 전쟁터에 나갈 수 없는 상황이었다면 지난 하루 동안 하나님께서 보호해 주심을 감사하며 전쟁터에 나간 군사들을 위해 기도하는데 저녁 시간을 보냈다면 어땠을까요? 그런데 다윗은 쓸데없이 배회하면서 시간을 낭비했습니다. 그러다가 밧세바의 알몸을 보았고, 마음속에 음욕을 품어 범죄를 저지르게 되었던 것입니다.

거룩한 일에 바빠지십시오. 기도와 말씀, 하나님께 예배드리는 것으로 삶이 충만케 만들기 바랍니다.

4. 유혹의 가능성을 피하라.

참된 순결이란 죄와의 타협으로부터 가능한 한 빨리, 그리고 멀리 피하는 것입니다. 배우자가 아닌 다른 이성과 일대일로 만나는 것을 피해야 합니다. 이성적으로 어울리지 말아야 할 것이며, 매순간 결혼한 몸임을 잊지 말아야 할 것입니다.

음행의 유혹에 빠지지 않는 것은 혼전순결의 문제에서도 다루었듯이 무조건 피하는 것이 상책입니다. 성경에서도 음행을 피하라고 했지, 맞서 싸우라고 하지 않았음을 명심해야 합니다.

특히 남성의 경우에는 눈을 잘 관리할 필요가 있습니다. 이상한 잡지나 텔레비전, 영화, 인터넷 등의 음란한 유혹에서 눈을 돌려야 합니다. 다윗이 범죄하게 된 이유는 밧세바의 알몸을 보

았기 때문입니다.

할 일은 없고, 무언가 재미있는 일 없나 하고 돌아다니다가 목욕하는 아름다운 여인의 모습을 보는 것으로 이미 죄는 시작되는 것입니다. 모든 남성은 시각에 약합니다. 다윗뿐만이 아닙니다. 당신이 봤어도 그 목욕하는 알몸을 계속 봤을 것입니다. 할 수만 있다면 지금까지 보고 있었을 것입니다. 계속 들여다보면 그 다음 단계는 만져 보고 싶다는 욕망이 일어나는 것입니다. 다윗도 그 모습을 훔쳐보고 있다가 만지는 단계로 나아갔습니다. 자기 권력을 이용하여 밧세바를 취하는 데까지 나아갔던 것입니다. 이렇듯 남자는 시각적인 것에 쉽게 흥분하고 이성을 잃어버립니다. 그래서 마귀는 자꾸만 벗은 사진으로 남성들을 유혹하는 것입니다. 이런 유혹이 왔을 때 재빨리 눈을 다른 곳으로 피하는 것이 상책입니다.

현대 남성들은 음란물에 너무 쉽게 노출되어 있는 것이 사실입니다. 월터 카이져는 그의 책 「영적 회복이 필요할 때」에서 "미국의 포르노 산업은 로마가 가장 타락했을 때보다 더 타락했다. 그로부터 자기를 신실하게 지키는 방법을 찾지 않으면 사회의 멸망은 물론이요, 개인의 멸망을 경험하게 될 것이다"라고 말하였습니다. 이런 음란의 홍수 속에서 자기를 방어하지 않으면 쏟아지는 음란의 빗줄기에 흠뻑 젖게 되는 것입니다.

한홍 목사는 「남자는 인생으로 時를 쓴다」에서 음란물에 대해

다음과 같이 지적하고 있습니다.

"음란물은 남자들에게서 여성에 대한 존경심을 빼앗고 강간을 조장한다는 충격적인 통계가 이미 사실로 입증되었다. 1980년대 초반 FBI의 연례 범죄 연구소에 의하면, 미국 51개 주 가운데 알래스카 주와 네바다 주가 강간 발생률에서 1, 2위를 차지했다. 그런데 놀랍게도 이 두 주에서 플레이보이, 캘러리, 허슬러, 쉬크, 펜트하우스 등 미국의 음란 잡지들과 비디오테이프 판매 수량이 압도적으로 많았다. 가장 높은 강간율과 가장 높은 음란물 구독률이 정비례한다는 사실은, 음란물이 인간의 성적 타락에 얼마나 큰 영향력을 미치고 있는지 단적으로 보여주고 있다. 실제로 플로리다 주의 파스코 카운티에서 경찰이 일 년 동안 음란물 유포를 집중 단속했더니, 그해 성범죄가 절반으로 격감했다. 음란물을 계속 접하는 남자는 여성을 하나의 인격체가 아닌 욕구 발산의 도구로 봄으로써 과격하고 폭력적이며 비인간적으로 대할 가능성이 보통 남자들보다 훨씬 높다. 여자들은 촉감에 의해 성적으로 흥분하지만, 남성들은 보는 것만으로 성적 흥분을 느낀다. 여성은 어느 정도 관계가 형성된 다음에야 성적관계를 맺지만, 남성들은 전혀 모르는 여인과도 하룻밤을 보낼 수 있다. 그만큼 성적 흥분이 돌발적이다. 그래서 음란물에 대해 남자들은 특히 조심해야 하는 것이다."

모든 가능성을 사전에 피하십시오. 그것이 가장 지혜로운 태도입니다. 눈의 범죄는 대부분이 음란입니다. 당신이 거룩함이라는 안경으로 눈을 보호해야 아름다운 성을 소유하게 되고 하나님이 허락하신 사랑하는 이와 아름다운 관계를 맺을 수 있습니다.

5. 간음이 초래할 결과를 생각하라.

마지막으로 사람들이 간음이라는 엄청난 범죄를 저지르는 것은 간음에 따른 결과를 생각하지 않았기 때문일 것입니다.

간음을 저지르면 어떤 일들이 벌어질까요?

"대저 음녀의 입술은 꿀을 떨어뜨리며 그 입은 기름보다 미끄러우나 나중은 쑥같이 쓰고 두 날 가진 칼 같이 날카로우며 그 발은 사지로 내려가며 그 걸음은 음부로 나아가나니 그는 생명의 평탄한 길을 찾지 못하며 자기 길이 든든치 못하여도 그것을 깨닫지 못하느니라"(잠 5:3~6)

물론 사람들은 '딱 한 번만', 그리고 '한 번 쯤이야 어때'라고 생각하며 범죄의 길에 발을 옮겨 놓습니다. 하지만 그것이 말처럼 쉽습니까? 처음 한 번 저지르는 것이 어려울 뿐 그 다음부터는 쉽습니다. 그래서 그 악의 구렁텅이에서 헤어 나오지를 못하는 것입니다. 한 동안은 아내나 남편에게 들키지 않고도 즐길 수

있을 것입니다. 하지만 끝까지 속일 수는 없을 것입니다. 꼬리가 길면 밟히기 마련입니다. 성경은 이렇게 경고합니다.

"사람이 불을 품에 품고야 어찌 그 옷이 타지 아니하겠으며 사람이 숯불을 밟고야 어찌 그 발이 타지 아니하겠느냐"(잠 6:27~28)

결국은 간음이라는 불이 당신의 인생을 완전히 불살라 버릴 것입니다. 모든 것을 소멸시키는 불을 예방하는 최선의 방법은 불씨를 남기지 않는 것입니다.

성경에서는 음행한 연고 이외에는 이혼을 금지하고 있습니다(마 5:32). 사실 하나님은 이혼을 싫어하십니다. 왜냐하면 결혼이라는 것은 하나님이 맺어주신 신성한 관계이기 때문입니다. 그럼에도 불구하고 음행의 문제에 있어서는 이혼할 수도 있다고 하신 것은 그만큼 음행이라는 문제가 심각한 것이며, 씻을 수 없는 상처를 남기기 때문입니다.

이혼을 하게 되면 어떻게 될까요? 그리고 자녀들은 도대체 무슨 죄가 있기에 부모들이 지은 죄를 짊어지고 편부모, 또는 계부모 밑에서 자라나야 할까요? 그 아이들의 미래는 어떻게 되겠습니까? 자녀들과 배우자가 겪을 마음의 깊은 상처에 대해서 한 번 생각해보셨습니까? 그리고 혹시라도 간음의 결과로 인해 임

신이라도 된다면 그 아이는 어떻게 될까요? 낙태시킬 건가요? 고아원에 버릴 건가요? 그 아이는 사생아로 태어나 평생 불행한 삶을 살게 될 것입니다. 한 사람의 이기적인 욕망 때문에 다른 모든 사람의 행복을 송두리째 빼앗는 결과가 초래 됩니다.

무엇보다도 하나님의 심판이 기다리고 있습니다. 하나님은 결코 묵과하지 않으실 것입니다. 그 책임을 무섭게 추궁하실 것입니다. 결국 간음을 저질렀을 때 생길 장기적 폐해는 가정 파괴를 포함한 인생의 전체의 파멸뿐임을 명심해야 합니다.

존 맥아더는 "결혼 안의 성은 아름답고 만족을 주며 창의적이다. 결혼 밖의 성은 추하고 해로우며 파괴적이다"라고 말했습니다. 간음이 일어날 수 있는 상황 속에서 앞에서 말한 간음이 초래할 수 있는 결과들에 대해서 한 번만 더 생각을 한다면 쉽게 죄의 발걸음을 옮길 수 없을 것입니다.

둘이 만드는 단 하나의 사랑

나의 눈이 그대를 향해 있음이
얼마나 놀라운 축복입니까.

세상에 수많은 사람들이 살고 있지만

나를 사랑으로
감동시킬 수 있는 사람은
그대밖에 없습니다.

나 언제나
그대의 숨결 안에 있을 수 있음이
날마다 행복하기에

나 언제나
그대의 속삭임에 기쁨이 넘치기에
이 세상의 그 누구보다
멋진 사랑을 펼치고 싶습니다.

그대는 내 마음의
틈새를 열고 들어와
나를 사랑으로 점령하고 말았습니다.

우리들의 사랑은
이 세상에 하나뿐인
둘이 만드는
단 하나의 사랑입니다.

-「둘이 만드는 단 하나의 사랑」 중에서 -

하나님은 태초부터 한 남자와 한 여자가 만나 사랑을 하고, 그 두 사람이 하나가 되어 행복한 가정을 이루는 것을 계획해 놓으셨습니다. 그 한 사람으로 만족하며, 그 한 사람으로 인해 기뻐하고, 그 한 사람으로 더불어 평생을 살아가기를 원하십니다. 그리고 둘이 만드는 단 하나의 사랑을 통해 우리가 오직 주님만을 바라보고 사랑하기를 원하십니다. 즉, 배우자에 대한 순결을 통해 하나님에 대한 영적 순결을 가르치고 계신 것입니다.

탈무드에서는 이렇게 말하고 있습니다.

"하나님은 여자를 남자의 머리 부분으로 만들지는 않으셨다. 왜냐하면 남자를 지배해서는 안 되기 때문이다. 또한 하나님은 남자의 발로 여자를 만들지도 않으셨다. 그것은 남자의 노예가 되어서는 안 되기 때문이다. 어째서 갈비뼈로 만들었는가 하면 언제나 남자의 가슴 곁에 있도록 생각하셨기 때문이다."

아내는 늘 남편의 가슴 곁에 있어야 합니다. 한 남편과 한 아내는 가슴을 맞대고 서 있어야 합니다. 가슴을 맞대고 서 있을 때 오직 그 한 사람만 바라볼 수 있습니다. 그리고 그 한 사람만을 사랑하는 사랑, 그 사랑이야 말로 가장 위대한 사랑일 것입니다. 당신의 아내, 당신의 남편, 그 한 사람만을 좋아하고, 사랑하고, 그와 함께 살고 죽는 사람이 되어야 합니다.

Single Focus!

당신의 초점을 오직 한 사람에게만 맞추기 바랍니다.